Dinkelsbühl Geschichte *light* **Die Judenschaft**

AF221586

Gerfrid Arnold

Dinkelsbühl

Geschichte *light*

Die Judenschaft

Königreich Bayern

Weimarer Republik

III. Reich

Umschlagmotiv
Sidonie Levite mit Sohn Heinz Joseph in Kostümen zur Tausendjahrfeier
Dinkelsbühls 1928 (Stadtarchiv).

**Bibliografische Information der
Deutschen Nationalbibliothek**
Die Deutsche Nationalbibliothek verzeichnet diese Publikation in der Deutschen Nationalbibliografie; detaillierte bibliografische Daten sind im Internet
über http://dnb.dnb.de abrufbar.

© 2020 Gerfrid Arnold
Einbandgestaltung und Layout: Gerfrid Arnold

ISBN: 978-3-7528-2524-4

Herstellung und Verlag: BoD – Books on Demand, Norderstedt

MIX
Papier aus verantwortungsvollen Quellen
Paper from responsible sources
FSC® C105338

Inhalt

Die Judenschaft in der Reichsstadtzeit
Ein Überblick

13. Jh.-1802 Die Geschichte der Juden ist 700 Jahre Geschichte Dinkelsbühls. Juden lebten hier als königliche *Kammerknechte*, waren reichsstädtische *Schutzverwandte*, kamen als *Eingekaufte Juden* der umliegenden Dörfer in die Stadt, waren königlich-bayerische Staatsbürger und deutsche Bürger.

1251, 1341 Vermutlich siedelten sich Juden erstmals während der Pfandherrschaft der Grafen von Oettingen in der Stauferstadt um 1251 an, ein zweites Mal in der Reichsstadtzeit um 1341. Verdrängt wurden sie durch die christlich-antisemitische Rintfleisch-Verfolgung beziehungsweise das nachfolgende Pest-Pogrom.

1372 Urkundlich belegt ist das Privileg von 1372, Juden in der Reichsstadt aufnehmen zu dürfen, was von Königen und Kaisern in der Folgezeit fünfmal bestätigt wurde. Vorübergehend besaß die kleine Judenschaft einen Rabbiner.

1384 Doch bereits mit der Judenschuldentilgung, die 1384 eigenmächtig von Dinkelsbühl durchgeführt wurde und bei der die Bürger ihre Schulden bei Juden nicht zurückzahlen mussten, begann das Ende. Die nachfolgende Schuldenminderung König Wenzels ruinierte dann die jüdischen Gläubiger finanziell derart, dass sie die Stadt bis um 1400 verließen.

1636 Während es in den anderen Reichsstädten bis zum beginnenden 19. Jh. keine jüdischen Gemeinden gab, ist Dinkelsbühl die Ausnahme. Zu einer Zwangsansiedlung kam es dann während des Dreißigjährigen Kriegs 1636. Die Kriegskosten der wechselnden kaiserlich-katholischen und schwedisch-protestantischen Besatzungen und deren durchziehender Truppen waren enorm, die Reichsstadt war zahlungsunfähig geworden. Die kaiserliche Finanzkammer befahl deshalb der damals katholisch regierten Reichsstadt, sechs Judenfamilien aufzunehmen, wofür diese 900 Gulden aufbringen mussten. Die kleine Gemeinschaft besaß eine Synagoge, in der Beschneidungen auswärtiger Juden durchgeführt wurden, und eine Mikwe. Die reichsstädtischen Juden mussten jährlich ihren Stadtschutz beantragen und ein entsprechendes Schutzgeld zahlen.

1650, 1675 Eigentlich sollten die Juden nach Kriegsende und dem Friedensschluss von 1650 die Stadt wieder verlassen, dem aber widersetzen sich Rat und Juden. Abraham Frommele konnte 1675 sogar einen lebenslangen Schutzvertrag für sich und seinen Sohn Lazar abschließen.

1680 In Dinkelsbühl hatte sich ein reger jüdischer Handel entwickelt. Beispielsweise kamen 1680 aus 44 Orten insgesamt über 300 Händler. In der näheren Umgebung waren aus Schopfloch 78, Feuchtwangen 33, Wittelshofen 23, Oettingen 14, Wassertrüdingen 8. Sie mussten beim Eintritt in die Stadt einen Tageskopfzoll entrichten, der für reitende und gehende Juden unterschiedlich hoch angesetzt war.

1700 Einige ansässige Juden besaßen Häuser. Ihre *Ausschaffung* aus Dinkelsbühl wurde mehrmals vom Kaiserhof eingefordert. Schließlich beschloss der Rat im Jahr 1700, künftig keine Juden mehr aufzunehmen. Damals führte man erneut den Jahreskopfzoll für Juden aus der Umgebung ein, was für diese *Eingekauften Juden* günstiger als der Tageszoll war und die Stadtkasse sofort füllte.

1712 Der letzte schutzverwandte Jude, Moschi Frommele, floh 1712 aus Dinkelsbühl, weil er mehrere hundert Gulden Schulden bei Bürgern hatte.

Tora-Schild Für die Schopflocher Gemeinde fertigte der Dinkelsbühler Goldschmied Johann Ulrich Malsch (Malch) einen silbernen Tora-Schild für die Torarolle (fünf Bücher Mosis) an. Seine Arbeiten lassen sich zwischen 1689 und 1718 nachweisen.

18. Jh. Auf städtischer Seite widersetzte man sich im 18. Jahrhundert den Beschlüssen der anwesenden kaiserlichen Kommissionen so gut es ging. Man musste die kommunalen Zolleinnahmen erhöhen und wollte andererseits das heimische Handwerk vor auswärtigen Waren und jüdischen Händlern schützen. Dagegen protestierten die Juden der umliegenden Orte, sie bestanden auf ihren hergekommenen Rechten, und wollten den am Stadttor zu entrichtenden Personenzoll niedrig halten. Damit konnten sie den Handelsnachteil für Juden mindern, der sich aus der zusätzlichen Gebühr ergab. So ergaben sich immer wieder wechselnde Regelungen für Juden.

1786 Dennoch blieb der Rat Juden gegenüber offen. Der nächste in Dinkelsbühl wohnende Jude war Jakob Marx aus Schopfloch, der 1786 in der Pfluggasse 3 und 1801 in der Siebenbrüdergasse 6 lebte. Nachweislich blieb er bis 1814 in der Stadt.

1802 Das faktische Ende des reichsstädtischen Staats Dinkelsbühl kam bereits im September 1802, als kurpfalzbayerische Truppen einmarschierten.

Glaubensfreiheit und Bürgerrecht im Königreich Bayern

Anfang der Judenemanzipation

1802-1808 Die Reichsstadt Dinkelsbühl stand ab Dezember 1802 unter kurpfalzbairischer Verwaltung, kam danach unter preußische Herrschaft und wurde 1806 Landstadt im neu entstandenen Königreich Bayern. Durch die napoleonische territoriale Neuordnung entstand Bayern als konfessionell gemischter Staat, was die rechtliche Gleichstellung der Religionen und damit auch die Emanzipation der Glaubensjuden beinhaltete.

Die bayerische Regierung forderte auch in Dinkelsbühl Berichte zur Verbesserung der Situation der jüdischen Bevölkerung an, was 1807 zum Verbot des Hausierhandels führte. Eine nachdrückliche Durchführung hätte allerdings den Landjuden die Existenzgrundlage entzogen. So erschien im April 1808 die Verordnung über die freie Ausübung des Gewerbes, die den städtischen Kopfzoll abschaffte und das Hausieren den Juden im ganzen Landgerichtsbezirk Dinkelsbühl erlaubte. Den Ansässigen und nichtjüdischen Untertanen war es weiterhin bei Strafe verboten.

Judenmatrikel im Königreich Bayern

Das Judenedikt von 1813 brachte weitere Freiheiten, wobei amtlicherseits gegen das Zertrümmern von Hofgütern, das Wuchern und Hausieren eingeschritten wurde. Es folgten zwar Revisionen des Edikts, doch ein wichtiger Schritt zur Emanzipation wurde erst 1851 mit der Gleichstellung im bürgerlichen Recht gemacht. Der Durchbruch erfolgte dann 1861 mit der Matrikelaufhebung, die völlige Gleichstellung 1868.

1813 Die Schutzverwandtschaft von Juden, die in der Reichsstadt Dinkelsbühl das Wohnrecht über Jahrhunderte geregelt hatte, wurde durch Matrikeln ersetzt: Das *Edikt über die Verhältnisse der jüdischen Glaubensgenossen im Königreich Baiern,* von König Maximilian Joseph 1813 erlassen, erteilte *den jüdischen Glaubensgenossen in Unserem Königreiche eine gleichförmige und der Wohlfahrt des Staates angemessene Verfassung.*

Voraussetzung für diese Rechte war der Erwerb des Bürgerrechts (Heimatrechts), wozu man in einem Verzeichnis, den Judenmatrikeln, eingetragen sein musste. Innerhalb von drei Monaten nach Bekanntmachung hatten sich die Juden bei der *Polizei-Behörde,* der Verwaltung ihres Wohnorts, zu melden und ihren Stand, Alter, Familienzahl und Erwerbsart anzugeben sowie ihre jetzigen Schutzbriefe, Konzessionen oder Aufenthaltsbewilligungen vorlegen.

Bisher hatten Juden zu ihrem Beschneidungsnamen oft den Vaternamen gesetzt. Nun mussten sie als königlich-bayerische Bürger einen eindeutigen Familiennamen annehmen, den sie selbst wählen durften. Außerdem mussten sie den Untertaneneid schwören; wer dies nicht tat, galt als *fremder Jude,* für den eine Ansässigmachung im Königreich Bayern ausgeschlossen war.

921   Königlich - Baierisches   922

Regierungsblatt.

XXXIX. Stück. München, Samstag den 17. Juli 1813.

Edikt über die Verhältnisse der jüdischen Glaubensgenossen im Königreiche Baiern.

Wir Maximilian Joseph, von Gottes Gnaden König von Baiern.

Um den jüdischen Glaubensgenossen in Unserm Königreiche eine gleichförmige und der Wohlfahrt des Staats angemessene Verfassung zu ertheilen, haben Wir nach Vernehmung Unseres geheimen Raths beschlossen, und beschließen hiemit wie folgt:

§. 1. Nur diejenigen jüdischen Glaubensgenossen können die in diesem Edikte ausgesprochenen bürgerlichen Rechte und Vorzüge erwerben, welche das Indigenat in Unsern Staaten auf gesetzliche Weise erhalten haben.

§. 2. Zum Genuß derselben wird die Eintragung in die bei Unsern Polizei-Behörden anzulegenden Juden-Matrikel vor Allem vorausgesetzt.

§. 3. Zu diesem Ende müssen binnen drei Monaten nach der Kundmachung dieses Edikts alle in Unserm Reiche befindlichen Juden bei der Polizei-Behörde ihres Wohnorts mit Angebung ihres Standes, Alters, Familien-

zahl, und Erwerbungsart sich melden, und ihre Schutzbriefe, Konzessionen oder Aufenthalts-Bewilligungen in schriftlich vorlegen.

§. 4. Diese Polizei-Behörde hat die Aufnahms-Urkunden nach Unsern frühern Edikten und Deklarazionen vom 31. Dezember 1806 (Regierungsblatt 1807, Seite 199) vom 19. März 1807 (Reggsbl. Seite 476.) dann 28. Juli 1808 (Reggbl. Seite 1835.) zu prüfen, und wenn sie dieselben gültig findet, von dem Juden die Erklärung abzufordern:

1) ob und welchen bestimmten Familien-Namen derselbe, wenn er nicht schon einen hätte, annehmen wolle, und

2) ob er den durch die Konstituzion des Reichs Tit. 1. §. 8. vorgeschriebenen Unterthans-Eid ablegen wolle?

§. 5. Den Juden ist nicht erlaubt, hiebei Namen von bekannten Familien, oder solche welche ohnehin schon häufig geführt werden, zu ihren künftigen Familien-Namen zu wählen. Es bleibt jedoch denjenigen Juden, welche eine Handlungs-Firma unter ihrem vorigen Namen führen, unbenommen, denselben noch ferner neben ihrem neuen Namen beizubehalten.

§. 6. Die Polizei-Behörde hat die in Folge dessen gegebenen Erklärungen dem Ge-
(65.)

Edikt von 1813.

Die Judenmatrikeln wurden von den Regierungen der neu gebildeten *Kreise* geführt. Dinkelsbühl lag im Rezatkreis mit Regierungssitz in Ansbach, der 1837 in Mittelfranken umbenannt wurde und in etwa dessen heutigem Umfang entsprach. Mithilfe der Matrikeln wollte man *die Normalzahl* der Juden eines Ortes bestimmen. Denn es galt die Einschränkung, die Anzahl der jüdischen Bürger eines Ortes nicht zu vergrößern, sondern eine zu große Anzahl nach und nach zu vermindern.

Eine Ansässigmachung in Dinkelsbühl, wo keine Juden gemeldet waren, konnte nur vom Innenministerium bewilligt werden. So wohnten in Dinkelsbühl bereits zwischen 1802 und 1813 drei Juden mit auswärtigem Heimatrecht: Jakob Marx und Abraham Jakob aus Schopfloch, sowie vorübergehend Moses Dosenheimer aus Feuchtwangen.

Ediktbestimmungen: Handel, Handwerk, Religion, Schule
Im Edikt wurden alle „Hausier-, Not- und Schacherhandel" künftig verboten, der bisherige war bis auf weiteres nur zum Unterhalt der Familie erlaubt. Für die Heiratserlaubnis war der Nachweis nötig, dass der Mann eine Familie ohne Schacherhandel ernähren konnte. Hingegen standen Juden jetzt fast alle Berufe offen, ausgeschlossen war das Betreiben von Brauereien, Schenk- und Gastwirtschaften. Um die Ausbildung im Handwerk zu fördern, wurde den Juden erlaubt, christlichen Handwerksmeistern Prämien zu zahlen, wenn sie ihre Söhne als Lehrlinge aufnahmen. Juden durften zwar Haus- und Grundbesitz haben, allerdings waren ihnen Vermietung und Verpachtung untersagt.
Den Juden wurde „vollkommene Gewissensfreiheit" gegeben. In einem Ort mit 50 israelitischen Familien konnte eine eigene Glaubensgemeinde gebildet werden. Wenn es im Ort eine Polizeibehörde gab, durfte die Gemeinde einen Rabbiner, eine Synagoge und eine eigene Begräbnisstätte haben.
Die Mädchen und Buben waren wie alle bayerischen Kinder zum Schulbesuch verpflichtet und erhielten – mit Ausnahme der Religionslehre – gemeinsam Unterricht; der Zutritt zu allen höheren Lehranstalten war ihnen gestattet. Is-

raelitische Schulen zu errichten war erlaubt, wenn der Unterricht von geprüften Schullehrern lehrplangemäß abgehalten wurde.

Bayerischer Untertaneneid Das Königliche Kommissariat des Rezatkreises in Ansbach teilte 1814 in einem Schreiben „Im Namen Seiner Majestät, des Königs von Baiern etc." mit, wie der Untertaneneid eines Juden formal zu handhaben sei. Es heißt darin, dass „die Ablegung des Eides in der Synagoge nicht vorgeschrieben, sondern nur auf die Bibel ihn ableisten zu lassen befohlen ist, solche auch unterbleiben kann, übrigens der Juden Untertanseid unter Zuziehung eines Rabbiners, nach vorgängiger Einschärfung der Wichtigkeit des Eidschwurs im Allgemeinen und des Untertans Eides insbesondere, in folgender Form abgenommen werden soll, ‚ich schwöre bei Adonai, dem Gott Israel, dass ich der Konstitution u. den Gesetzen gehorchen, dem König treu sein will; wenn ich diesem Schwur zuwider handel, so müssen mich alle die Strafen treffen, welche mir in der geschehenen Vermahnung angedeutet worden sind. Amen.'" Auf die Folgen des Meineids nach jüdischen Religionsgrundsätzen wurde hingewiesen.

Bedeutender jüdischer Wollhandel um 1815 Positiv wirkte sich um 1815 eine Wirtschaftsmaßnahme des Markgrafen von Ansbach aus. Er hatte Schafe aus Spanien eingeführt, weshalb die Wollerzeugung beachtenswert zunahm. Zur Schafschur kauften Juden die Wolle direkt bei den Schäfereien auf, lagerten sie und verkauften sie nach Bedarf an die Dinkelsbühler Stricker und Tuchmacher. Für die ärmeren Einwohner damals existentiell bedeutende Gewerbe.

Ansässige Juden sind Sache des Stadtmagistrats 1819 Ein kleiner Schritt der bayerischen Judenemanzipation erfolgte 1819 mit der Übertragung der Ansässigmachung an den Stadtmagistrat. Allerdings ohne die Bedingungen zu erleichtern, so dass kein Landjude der Umgebung in Dinkelsbühl ansässig wurde. Erst 1853 nahm der Stadtmagistrat zwei jüdische Familien als Einwohner auf, ohne sie in die Kreismatrikel aufnehmen zu lassen.

Hausierhandel liegt darnieder
Einbuße durch jüdische Lehrlinge

1820 Vom Magistrat der Stadt Dinkelsbühl wurde 1820 ein Bericht über die Auswirkungen des Emanzipationsedikts von 1813 angefordert. Es wurde gefragt, ob sich der *Not- und Schacherhandel* verringert habe, und wie es mit der Niederlassung von Juden in Feldbau und Gewerbe stehe.

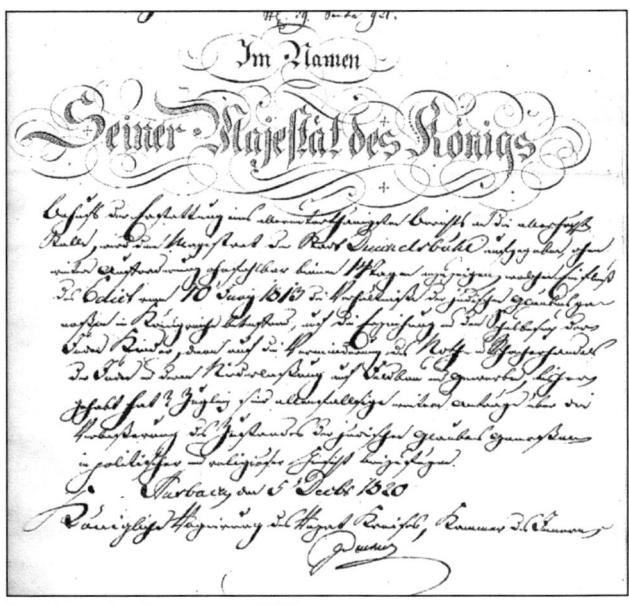

Berichtsanforderung von 1820.

Es sollten *Anträge über die Verbesserung des Zustandes der jüdischen Glaubensgenossen in politischer und religiöser Hinsicht* beigefügt werden.

18

Dinkelsbühler Auskunft *Der Hausierhandel der Juden in hiesiger Stadt hat sich gegen 1818 von 37 auf 21 vermindert. Übrigens ist diese Anzahl [...] groß genug, so dass diese Juden selbst unter sich ein kümmerliches Leben führen müssen und in ihren Vermögensumständen immer tiefer sinken, während sie zum Teil den hiesigen Einwohnern durch Zudringlichkeit zur Last fallen. [...] Ein einziger Judenbursche hat bei dem Glasermeister Krämer das Glaserhandwerk erlernt und befindet sich dermalen noch bei diesem. Krämer versichert inzwischen, dass er sich zur Aufnahme dieses Lehrlings nie verstanden haben würde, wenn er gewusst hätte, dass dessen Religionsverhältnis auf das Handwerk so übel einwirkten, indem an die jüdischen Sabbat- und Feiertagen der Handwerker am meisten beschäftigt ist und einen Gehilfen am wenigsten entbehren kann [...], so dass er einen Judenknaben nie und um keinen Preis mehr in die Lehre aufnehmen werde.*

Keine ansässigen Juden
Jüdische Schulkinder aus Schopfloch und Mönchsroth

1820 Im vom Stadtmagistrat angeforderten Bericht wurde auch nach Erziehung und Schulbesuch gefragt, da die schulpflichtigen Juden die christlichen Werk- und Sonntagsschulen besuchen sollten. Man antwortete, dass in Dinkelsbühl bekanntlich keine jüdischen Glaubensgenossen ansässig seien.

Zur Frage des Schulbesuchs teilte man mit: *Nur selten benutzen die in den Orten Schopfloch und Mönchsroth befindlichen Juden die hiesigen Schulanstalten für ihre Kinder zur Erlernung des Rechnens u. Schreibens und andern gemeinnützlichen Kenntnissen, und dermalen ist nicht ein Judenkind vorhanden, das dahier ordentlichen oder Privatunterricht erhält.*

Jüdische Händler auf dem Kinderzechmarkt *Der Markt zur Kinderzeche fand zum ersten Mal 1818 auf dem Schießwasen statt, wobei die Schulkinder erstmals auf dem Schießwasen anstatt in der Schule tanzten. Der Dinkelsbühler Senator (Ratsherr) Johann Matthäus Metzger berichtet* *in seinem Tagebuch, dass der Markt keinen Erfolg hatte. Trotz Verlängerung der Kinderzechtage bis zum Sonntag im Jahr 1821, blieben Handelsleute aus: „Jetzt wird dieser Markt bloß von Juden und einigen andern Verkäufern besucht."*

Dinkelsbühler Wohnjuden

1821-1861 Seit dem Jahr 1821 wurden dem Magistrat Dinkelsbühl von der Königlichen Regierung des Rezatkreises in Ansbach, Kammer des Innern, Tabellen zugesandt. Darin sollten der Zu- und Fortzug von Juden erfasst werden, der jüdische und christliche Hausierhandel, sowie diejenigen Juden, *welche sich mit Künsten (z.B. Backkunst) und Handwerken beschäftigen bzw. mit dem Ackerbau.* Die Stadt Dinkelsbühl meldete bis zur Abschaffung des Matrikelparagraphen 1861 Fehlanzeige: Es seien in der Stadt und der Stadtmarkung keine Juden ansässig. Gleichwohl wohnten und arbeiteten zwischen 1824 und 1861 etwa 22 Juden in der Stadt, teilweise mit Familien. Erst 1861 wurde an die Regierung ein Jude als *außer der Matrikel ansässig* gemeldet. Im Anhang: Liste der Wohnungen von 1636-1938.

Juden im Distrikt Dinkelsbühl

1821, 1832 Über die Juden im Umland gibt eine Statistik Auskunft: Im Distrikt Dinkelsbühl gab es in der Landwirtschaft im Jahr 1821 zwei und 1832 sieben *ökonomietreibende Israeliten*. *Ordentliche Gewerbetreibende gab es* 1821 keinen und 1832 17. Das Hausieren nahm auffällig stark zu: *Jüdische Hausier- und Nothändler* gab es 37 im Jahr 1821 und 81 im Jahr 1832.

Landtagsabgeordneter Riedl gegen Hausierhandel

1822 *Der Stadtapotheker und Ratsherr Caspar Anton Riedl (1770-1848) war seit der Neuorganisation des Bürgermilitärs 1815 kommandierender Major. Nach seiner Wahl 1822 zum bayerischen Landtagsabgeordneten, war einer seiner ersten Anträge, den Hausierhandel der Juden abzuschaffen. Er wandte sich auch gegen den überhand nehmenden jüdischen Wucher.*

Zertrümmerung von Landgütern für Juden verboten
1837 Auch die Zertrümmerung von Landgütern, die Juden bei Konkursauktionen und Nachlassauseinandersetzungen günstig erwarben, war seit langem ein Problem. Vor allem wegen *des hierbei sich zeigenden Wuchers,* wie es 1837 in einer Mitteilung des Ministeriums des Innern im *Intelligenz-Blatt für Mittelfranken* heißt. Wie es auch schon in der Reichsstadt Dinkelsbühl verboten gewesen war, wurden Israeliten von der *Güterzertrümmerung* bei Strafe ausgeschlossen. Es war den Juden dagegen erlaubt, Haus oder Grund zu kaufen und verkaufen, worunter man *die einfache Wiederveräußerung eines Gutes in seinem ganzen Komplexe* verstand.

Sonn- und Feiertagsregelung
für christliche und jüdische Händler
1839 Die königliche Regierung achtete darauf, dass die *Sonn- und Festtage in keiner Weise entwürdigt* wurden. Die Polizeibehörden wurden deshalb 1839 *zur strengen Bestrafung* angewiesen. Unter anderem war *den christlichen und jüdischen Handelsleuten an Sonn- und Festtagen alles Handeln vor Beendigung des Gottesdienstes untersagt.*

Unterrabbiner Hirsch Weil und Distriktrabbiner Nathan Ehrlich in Schopfloch
1838-1840 Die jüdischen Gemeinden Schopfloch und Feuchtwangen waren dem Bezirksrabbinat Ansbach zugeteilt, in Schopfloch amtierte der Unterrabbiner Hirsch Weil von 1838-1840. Die Dinkelsbühler Wohnjuden mit Feuchtwanger und Schopflocher Heimatrecht gehörten dazu.
Der Schopflocher Nathan Ehrlich (1807-1872) hatte bereits 1838 vor, ein eigenes Rabbinat für Feuchtwangen, Schopfloch und Wittelshofen einzurichten. Das königliche Landgericht Dinkelsbühl führte deshalb 1839 eine Abstimmung in den jüdischen Gemeinden durch, die sich zunächst „einhellig gegen die Anstellung eines eigenen Rabbiners" ausspra-

chen. Doch 1840 einigte man sich doch, so dass die Regierung von Mittelfranken die Erlaubnis erteilte, „sich von dem Rabbinat Ansbach zu trennen und für sich ein eigenes Rabbinat zu bilden".

1841-1872 Rabbiner Ehrlich stellte sich 1841 mit drei weiteren Bewerbern zur Wahl und wurde mit überwältigender Mehrheit zum Distriktrabbiner gewählt. Das königliche Landgericht Dinkelsbühl erhielt die Bestallungsurkunde der Regierung zugeschickt, es sollte Ehrlich den im Judenedikt von 1813 vorgeschriebenen Eid ablegen lassen und ihm die Urkunde aushändigen. Die Feierlichkeiten fanden am 16. Juli 1841 in der Schopflocher Synagoge statt, die Installation nahm der „kgl. Landgerichtskommissär" Assessor Maier mit einer Rede vor.

Nathan Ehrlich war bis zu seinem Tod 1872 auch für die Dinkelsbühler Juden zuständig, die ab 1861 das Dinkelsbühler Heimatrecht erhielten. Nach Ehrlichs Tod übernahm das Ansbacher Distriktrabbinat wieder die Aufsicht.

Schopflocher Hausierjuden, Wucherhandel

1842, 1843 In Bayern bemühte man sich, den Hausierhandel der Juden einzuschränken. Der *Regierungspräsident von Mittelfranken* gab 1842 Anweisung, die *Ausnahmsgesetze* zu beachten, die Juden *zu ordentlichen Erwerbszweigen* zurückführen sollten. Außerdem wurde Dinkelsbühl angewiesen, *durch Rat und Warnung zur Beseitigung des Wucherhandels mitzuwirken.*

Magistratsbeschluss Der Dinkelsbühler Stadtmagistrat erließ deshalb 1843 folgenden Beschluss: „Um der obigen hohen Anordnung den gehörigen Erfolg zu sichern, hat die Polizeimannschaft hiernach zu überwachen, ob die den Hausierhandel dahier betreibenden Schopflocher Juden mit einem von der kgl. Regierung ausgefertigten, nicht ausgelaufenem Lizenzscheine versehen sind, ob sie mit keinen andern Waren, als solchen, wozu sie nach dem Patent berechtigt sind, Handel treiben, ob sie nebenbei nicht den verderblichen Wucherhandel betreiben, und ob sie nicht andern Personen zum Hausierhandel mit anhalten, oder einem unlegitimierten Stellvertreter aufgestellt haben. Zuwiderhandelnde Juden" waren „aufzugreifen und zur amtlichen Einschreitung vorzuführen."

Jüdischer Vieh- und Landesprodukthandel

1845 Aufgrund einer ministeriellen Anfrage aus München teilte Dinkelsbühl der Regierung von Mittelfranken 1845 mit, für eine Beantwortung, entbehre man *aller offiziellen Erfahrungen.* Denn es könnten *Israeliten die Ansässigkeit nicht erwerben; und es haben auch die hiesigen Einwohner mit gedachten Religionsverwandten keinen besonderen Verkehr, mit Ausnahme der jährlich 6 Mal stattfindenden, hauptsächlich von den Ökonomen des benachbarten Württemberg wohl bestellten Viehmärkte, wobei durch Vermittlung der hierzu konzessionierten jüdischen Handelsleute – jedoch unter der strengsten Handhabung der hierüber bestehenden Verordnungen – die meisten Viehkäufe abgeschlossen werden.* Daraus gehe hervor, dass *ein Handel mit Landesprodukten im diesseitigen Polizeibezirk von Juden nicht getrieben* werde.

Bürgerliche Gleichstellung für Juden

1851 Einzelne Bestimmungen des 1813 erlassenen Juden-Edikts von wurden von Befürwortern wie auch von Gegnern grundsätzlichen immer wieder beanstandet. Es erfolgten mehrere Änderungen, bis mit dem Gesetz vom 29. Juni 1851 diejenigen Bestimmungen des Edikts aufgehoben wurden, die die bürgerlichen Rechte der Juden einschränkten.

Behalten durften die Juden besondere Gesetze, *welche mit ihrer Religion unzertrennbar zusammenhängen,* nämlich das Heiratszeremoniell und die Bestimmungen zu Ehehindernissen und Ehescheidung.

Gesetz-Blatt für das Königreich Bayern *Alle Ausnahmsbestimmungen, welche in den verschiedenen Landesteilen des Königreichs bezüglich der Verhältnisse der israelitischen*

*Glaubensgenossen zu den Christen in Ansehung des bürger-
lichen Rechtes bestehen [...] sind aufgehoben.*

Völlige Gleichstellung als bayerische Staatsbürger

1861 Zehn Jahre danach reichten die israelitischen Gemeinden Schopfloch und Feuchtwangen, wie viele andere, im Bayerischen Landtag eine Petition ein, die Beschränkung bei der Ansässigmachung und des Gewerbebetriebs aufzuheben. Rabbiner Nathan Ehrlich in Schopfloch hatte die Eingabe verfasst.

Nach dem mehrheitlichen Beschluss der beiden Kammern verabschiedete der Bayerische Landtag 1861 die Abschaffung des Matrikeledikts von 1813.

Dieses große Ereignis wurde am 28. November in Feuchtwangen mit einem besonderen Dankgottesdienst gefeiert, in Schopfloch wurde am 30. September eine Predigt abgehalten, in Wittelshofen ein besonderes Gebet mit Psalmen gesprochen.

Daraufhin setzte in den Orten mit großem jüdischen Bevölkerungsanteil eine Abwanderung ein. Auch in Dinkelsbühl beantragten noch im Jahr 1861 Juden das Bürgerrecht.

1868 Aber erst das *Gesetz über Heimat, Verehelichung und Aufenthalt* von 1868 brachte die völlige Gleichstellung und Freizügigkeit der Israeliten als bayerische Staatsbürger: Alle *entgegenstehenden Gesetze und Verordnungen* erloschen, insbesondere alle *Ausnahmsbestimmungen* bezüglich der Einwanderung von Juden.

Die neue Judenschaft

1853 Da in Dinkelsbühl kein Jude Bürgerrecht hatte, seit es 1806 königlich-bayerische Landstadt geworden war, konnte aufgrund des Edikts von 1813 die Ansässigmachung und Einbürgerung von Juden nur erschwert über Eintragung in der Regierungsmatrikel vorgenommen werden. Auch nach der Revision von 1819 lebten in Dinkelsbühl nur Wohnjuden.

Auch als die Familie von Dr. Moritz Mannheimer 1853 aus Mönchsroth zuzog, beantragte der Dinkelsbühler Magistrat keine Matrikelstelle. Wahrscheinlich stellte Dr. Mannheimer aus Geldmangel keinen Antrag auf Ansässigmachung. Die Familie lebte hier außer der Matrikel. Denn im Mai 1861 meldete man der Regierung in Ansbach, dass *in hiesiger Stadt Juden nicht ansässig sind.*

Jedenfalls genehmigte die zuständige Regierung von Mittelfranken in Ansbach 1853 Dr. Mannheimer die Arztstelle im Dinkelsbühler Hospital. Er wohnte mit Frau und neun Kindern im damaligen Mietshaus Weinmarkt 3, im 2. Stock, heute Hotel „Deutsches Haus". Mitbewohner war der jüdische Hauslehrer mit Familie. Somit kennzeichnen sie als erste „offizielle" Juden den Beginn der neuen Judenschaft in Dinkelsbühl.

Familie Mannheimer

Moises (Moritz) Mannheimer wurde am 8. August 1808 in Schopfloch als Sohn des Kantors (Vorsängers) Ruben Michael Kohn Mannheimer und seiner Frau Perl (Bärl) geboren. „Kohen" drückt die Zugehörigkeit zum Priesterstamm aus; dementsprechend ist die Segensgebärde der Hände auf Dr. Mannheimers Grabstein abgebildet, den seine Kinder 1902 in Schopfloch erneuern ließen.

Er studierte Medizin an der Ludwig-Maximilians-Universität München (Examen 1833, Promotion 1834, Probe-Relation 1835 in München) und praktizierte ab Oktober 1835 in Mönchsroth.

Dr. Mannheimer heiratete, wohl in Feuchtwangen, Johanna Lindenthal aus Feuchtwangen, geb. am 6. April 1813.

Die Landpraxis mit ihren weiten Wegen beanspruchte ihn stark, weshalb er sich um eine weniger anstrengende Stelle mit sicherem Einkommen bewarb. Die Dinkelsbühler Hospitalstiftung unterstand rechtsaufsichtlich der Regierung von Mittelfranken, weshalb er am 6. August 1853 ein Gesuch auf die im Spital freigewordene Arztstelle einreichte. Die Verleihung wurde dem Stadtmagistrat am 5. September mit sofortiger Wirkung mitgeteilt. Am 13. September bewarb er sich dann beim Stadtmagistrat um die Stelle, wobei er seine acht Kinder und seine gesundheitliche Überbeanspruchung hervorhob und darum bat, Humanität und Billigkeit zu bedenken. Bereits drei Tage später wurde die Genehmigung mit Wirkung vom 1. Oktober 1853 erteilt.

Dr. Moritz Mannheimer (Foto in Familienbesitz).

Er hatte die ärztliche Behandlung im Spital wie in Wohltätig-
keitsanstalten (Waisenhaus, Dienstbotenhospital u. a.) vorzu-
nehmen. Sein Jahresgehalt betrug 150 Gulden und 3 Klafter
weiches Scheitholz aus den Hospitalwaldungen im Wert von 18
bis 24 Gulden frei Haus. Das Gehalt wurde von der Hospitalstiftung vierteljährlich mit 25 Gulden ausgezahlt, die restlichen 50
Gulden übernahmen die paritätischen Wohltätigkeitsstiftun-
gen. Vertraglich festgelegt wurde vom Magistrat, dass nach seinem Tod die Hinterbliebenen keinerlei Anspruch auf Pension o-
der Unterstützung hatten.

Dr. Moritz Mannheimer starb unerwartet am 28. Mai 1861, er
wurde zwei Tage später auf dem Judenfriedhof in Schopfloch
begraben. Seine Frau, Johanna Mannheimer, beantragte am 5.
Juni Unterstützung, wobei sie die schwierige Ausbildungssitua-
tion ihrer Kinder schilderte. Der königliche Gerichtsarzt Dr.
Gangkofer erklärte sich bereit, die Arbeit des Hospitalarztes für
drei oder vier Monate zu versehen, wenn die Witwe für diese
Zeit das Gehalt ihres Mannes bekäme. Der Dinkelsbühler Verwaltungssenat war der Ansicht, dass sie mit ihren Kindern dringend einer Unterstützung bedurfte und einer solchen würdig
war. Man beschloss, bei Vertretung durch Dr. Gangkofer, das
Gehalt für Juni und Juli auszuzahlen sowie ihr eine außerordentliche Unterstützung von 50 Gulden für das Jahr 1861/1862 zu
gewähren, die jeweils zur Hälfte vom Hospital und der kombi-
nierten paritätischen Stiftung zu bezahlen sei. Die Regierung in
Ansbach genehmigte dies. Zusätzlich konnten die Mannheimers im September das Besoldungsholz im Wert von 24 Gulden
bekommen.

Die Witwe verzog nach Feuchtwangen, wo sie im Dezember
1863 noch die Dinkelsbühler Unterstützung von 50 Gulden erhielt. Da sich die Söhne bereits in den USA befanden, wanderte
sie mit ihren Töchtern Mathilda und Emma 1864/65 dorthin
aus. Sie verstarb am 16. November 1881 in Chicago und wurde
auf dem Rosehill cemetery begraben.

Jüdische Bevölkerung
1861 bis zum Exodus 1938

Die meisten Juden kamen aus den benachbarten Dörfern in die Landstadt Dinkelsbühl, aus den großen Judengemeinden Mönchsroth und Unterdeufstetten, aus Schopfloch und Wittelshofen.

1861 Als erster Jude beantragte bereits am 4. Juli 1861 der Rotgerbergeselle **Max Joel Gutmann** aus Feuchtwangen, geboren am 27. Mai 1837, seine Ansässigmachung. Sein Vermögen gab er mit 10 000 Gulden an. Er wies darauf hin, dass in Kürze die *Emanzipation der Israeliten* gesetzlich werde. Trotz Protests zweier Dinkelsbühler Rotgerbermeister, beschloss der Stadtmagistrat am 6. September 1861 die Konzessionserteilung unter der Voraussetzung, *dass ihm die Aufnahme als Bürger in hiesiger Stadt von allerhöchster Stelle bewilligt werde.* Eineinhalb Wochen vor der Aufhebung des Matrikelgesetzes wurde dann Gutmann vom Staatsministerium des Innern am 30. Oktober 1861 die Erlaubnis trotz der Dinkelsbühler Matrikelzahl 0 erteilt. Er war in Dinkelsbühl *außer der Matrikel ansässig.*
Er heiratete die württembergische Staatsbürgerin **Bertha Höchheimer** aus Neunkirchen, geboren am 3. März 1842 in Unterschüpf in Baden, Tochter von Simon Hochheimer und Johanna, geb. Kaufmann. Ihr Vermögen wird mit 7 000 Gulden angegeben. Der Magistrat genehmigte ihre Aufnahme und Verehelichung am 17. Mai 1862; ihre Auswanderungsgenehmigung vom Oberamt Mergentheim erhielt sie am 23. Mai.
Gutmann lebte 1864 mit 2 Frauen über 14 Jahren und einem Mädchen unter 14 in der Langen Gasse 16. Der Kultusgemeinde Schopfloch trat er am 5. August 1863 bei.
1862 Danach ließ sich 1862 der Kaufmann **Seligmann Wolf Hamburger** aus Schopfloch nieder. Er war ein honoriger Vertreter seines Glaubens und guter Geist der jüdischen Gemeinde

Dinkelsbühl. *Ein selten frommer, ehrlicher Mensch,* schreibt sein Großneffe Abraham (Arthur) Stern über ihn. In seinem Haus, Klostergasse 5, richtete er eine Zimmersynagoge und eine Mikwe ein, nach dem öffentlichen Schulverbot im III. Reich war befand sich ab 1936 die jüdische Sonderklasse.

Er wurde am 16. November 1830 als Sohn des Handelsmanns Moses Hamburger und dessen Frau Lea Neustädtel geboren. Er besuchte vom 6. bis zum 13. Lebensjahr die Werktagsschule in Schopfloch. Seine *Geistesgaben* werden als *gut,* sein *Fleiß* als *lobenswert,* sein *Sittliches Betragen* als *recht gut* und der *Schulbesuch* mit *sehr fleißig* bezeichnet. Die Sonntagsschule besuchte er vom 13. bis zum 17. Lebensjahr, sein *Sittliches Betragen* wird jetzt mit *sehr gut* beurteilt.

Im *Militär-Entlassungs-Schein* wird er untersetzt, mit hellblonden Haaren und Augenbrauen, braunen Augen, hoher Stirn, ein wenig gebogener Nase, aufgeworfenem Mund, ovaler Gesichtsform und mit gesunder Gesichtsfarbe beschrieben.

Er erlernte das Schnittwarengeschäft bei seinem Vater Moses Hamburger in Schopfloch in den drei Jahren 1851 bis 1854 und führte nach dessen Tod das Geschäft für seine Mutter sieben Jahre *mit Fleiß, Umsicht und gutem Erfolg* weiter, auch mit *Pünktlichkeit und Sparsamkeit.* Sein Prüfungszeugnis *zum selbständigen Betrieb des Tuch- und Schnittwarenhandels* erhielt er am 17. Juni 1861.

Einbürgerung von Seligmann Wolf Hamburger *Am 20. November 1861 trug Seligmann Hamburger beim Stadtmagistrat Dinkelsbühl vor: „Durch den neuesten Landtagsabschied sind die bisherigen Beschränkungen der Israeliten wegen Konzessionierung und Ansässigmachung mit Gesetzeskraft aufgehoben worden, und dieses Recht benützend, will ich mich nun dahier als Tuch- und Schnittwarenhändler ansässig machen. Die hierzu erforderlichen Vorbedingungen habe ich erfüllt und übergebe zum Nachweis dessen den Impfschein [Pocken], Werk- und Sonntagsschulentlassschein, Militärentlassschein, ein gerichtlich legalisiertes*

Leumundszeugnis der Gemeindeverwaltung und Armen-
pflege Schopfloch und das Prüfungszeugnis der Prüfungs-
kommission Nördlingen, nach welch letzterem ich zum Be-
trieb des Tuch- und Schnittwarenhandels in allen Klassen
von Gemeinden befähigt bin, u. das gemeindliche Zeugnis
enthält zugleich die Bestätigung, dass ich seit dem Tode
meines Vaters, sieben Jahre lang das Handelsgeschäft mei-
ner Mutter besorgt habe. Mein Vermögen besteht in 5 000
Gulden Geld und Warenvorrat, dessen Besitz ich auf Ver-
langen näher nachweisen kann, und dies ist gewiss hinrei-
chend, um den Tuch- und Schnittwarenhandel mit Erfolg zu
betreiben, und meinen Nahrungsstand kann ich dahier
ganz sicher begründen, denn ich habe mir in der hiesigen
Stadt, wie allbekannt, schon von Schopfloch aus eine be-
deutende Kundschaft erworben, und dieser Handel ist zu-
dem auch nicht auf den Ort allein beschränkt. Die hiesigen
Schnittwarenhändler werden durch meine Aufnahme auch
nicht beeinträchtiget, weil ich schon, wie gesagt, meinen
ziemlichen Absatz dahier habe, und zudem hat sich die Zahl
derselben seit einigen Jahren auch vermindert. Ich stelle
demnach die Bitte, mir die Konzession um Tuch- und
Schnittwarenhandel und damit die Aufnahme als Bürger
dahier zu erteilen."
Es wurde beschlossen, den vorgeschriebenen vierwöchigen
Anschlag an die Amtstafel zu machen. Die Konzession und
die Aufnahme als Bürger wurden vom Magistrat am 7. Feb-
ruar 1862 erteilt. Die Aufnahmegebühr betrug 55 Gulden.
Sein Handelsgeschäft eröffnete er am 7. Juni 1862 als
Firma „S. M. Wolf Hamburger".

Sein Heiratsgesuch, **Hanna Neumark** aus Georgensgmünd zu
ehelichen, wurde am 9. Juni 1863 vom Stadtmagistrat genehmigt. Sie wurde am 19. November 1830 in Georgensgmünd als
Tochter des Handelsmanns Abraham Neumark und seiner Ehefrau Gitla geboren.
Hamburger lebte 1864 mit 1 Mann (über 14 Jahre) und seiner
Frau in der Klostergasse 5.

Hanna Hamburger verstarb am 8. Februar 1866 und hinterließ den Sohn Moritz, 1865 in Dinkelsbühl geboren (auf der Einwohnerkarte ist irrig als Mutter Hamburgers zweite Frau Amalie angegeben).

Zur besseren Verpflegung und Erziehung desselben und zur Führung meines Hauswesens stellte Seligmann Hamburger am 23. April 1867 erneut ein Heiratsgesuch, das am 6. Mai genehmigt wurde. Er heiratete die Schwester seiner ersten Frau, **Amalia Neumark** (in den Zeugnissen *Madel* genannt), geboren am 16. Juli 1834 in Georgensgmünd. Es wurde ihr bestätigt, *eine sittlich reine Aufführung gepflogen* zu haben und *ein elterliches Barvermögen von 5 000 Gulden* zu besitzen. Sie ist die Mutter von Klara, geboren 1871, und Adolf Hamburger, geboren 1876.

Seligmann Wolf Hamburger starb am 22. Juni 1904 in Dinkelsbühl.

1862 Der nächste Eingebürgerte stammte aus Altenkundstadt (Lichtenfels). Der Rentner und ehemalige Schnittwaren- und Landesproduktenhändler **Loeb Lang** besaß ein Vermögen von 10 000 Gulden. Er stellte am 30. Juni 1862 den Antrag auf Ansässigmachung, am 22. August wurde *die Aufnahme als Insasse* (Einwohner) beschlossen.

Bei ihm lebte auch seine Schwägerin, die Tuchmacherwitwe **Edel Lang** aus Altenkundstadt. Sie stellte ebenfalls am 30. Juni 1862 für sich und ihre Kinder Pankratz und Miklete einen Antrag. Sie hatte ein Vermögen von wenigstens 15 000 Gulden. Da sie immer mit Loeb Lang beisammen gewohnt hatte, wollte sie hier als Rentiere leben.

Ihr Schwiegersohn, der Kaufmann Hirsch Wolf Weihermann in Feuchtwangen, übergab dem Magistrat zwar *das Leumunds-, Vermögens- und Übersiedlungszeugnis* von Edel Lang, erklärte aber, man solle das Gesuch zurückstellen. Was der Magistrat auch beschloss.

1864 Danach suchte **Adolf Rosenberg,** geboren am 19. Juli 1837 in Gifhorn im Königreich Hannover, 1863 um Bürgeraufnahme in Dinkelsbühl an. Er beabsichtigte eine Spinnerei für wollene

Streichgarne mit Färberei errichten. Der Stadtmagistrat genehmigte die Konzession am 12. Juni 1863, die Regierung verlieh ihm dann im Januar 1864 das bayerische Bürgerrecht. Seine Bürgeraufnahmegebühr in Dinkelsbühl betrug 58 Gulden 18 Kreuzer.

Im März suchte er um die Erlaubnis an, **Ida Merfeld** aus Bielefeld, geboren am 7. Mai 1842, zu ehelichen. Er ließ sich dann aber noch im Jahr 1864 in Nürnberg nieder.

Jüdische Einwohner-Statistik von 1865-1938

***1865** Im Jahr 1865, vier Jahre nach der Matrikelaufhebung, lebten etwa 11 Juden in der Stadt. Die Dinkelsbühler Judengemeinde blieb im Verhältnis zu den christlichen Bürgern verschwindend klein.*

***1900** Die Volkszählung vom Jahr 1900 (von da an wurde die Religionszugehörigkeit aufgeschlüsselt) ergab 4573 Seelen, nämlich 3185 Protestanten, 1337 Katholiken, 49 Israeliten und 2 mit anderen Bekenntnissen.*

Der Anteil der Juden betrug seit 1900 etwa 1 % der Dinkelsbühler Stadtbevölkerung.

***1905** In Jahr 1905 lebten 62 Personen israelitischen Glaubens in der Stadt.*

***1910** Dagegen waren es 19010 nur mehr 56 Juden.*

***1933-1938** Nach Adolf Hitlers Berufung zum Reichskanzler am 30. Januar 1933 und der Machtergreifung der Nationalsozialistischen Deutschen Arbeiterpartei NSDAP nahm die jüdische Einwohnerzahl stetig ab.*

Bis 1938 wanderten 14 Personen aus und verzogen 32 in Deutschland. Die Jahresangaben sind Durchschnittszahlen.

***1933** 65 Personen*
***1934** 55 Personen*
***1935** 40 Personen*
***1936** 35 Personen*
***1937** 25 Personen*
***1938** 19 Personen*

Diese zuletzt im Rathaus gemeldeten 19 Juden und Jüdinnen mussten ihre Heimat aufgeben. Ein Mann hielt sich im Ausland auf, so dass unmittelbar nach den zwei Dinkelsbühler Pogromnächten, die sich am 9. und 10. November 1938 ereigneten, sieben Frauen, sechs Männer, zwei Mädchen und drei Jungen Dinkelsbühl verließen. Der erzwungene Exodus aus Dinkelsbühl erfolgte am 10. und 11. November 1938.

Jüdisches Gemeindeleben

Sitte und Brauch

In der Judenschaft, die in Dinkelsbühl in der 2. Hälfte des 19. Jh. ansässig wurde, werden dieselben Sitten und Bräuche bestanden haben, wie sie der Königliche Landgerichtsarzt Dr. Georg Ernst Kirchner 1860 für Wassertrüdingen in seinem *Physikatsbericht* beschrieb.

Beschneidung Die Beschneidung eines Knaben fand am achten Tag nach der Geburt durch einen gelernten Beschneider in der Synagoge oder in einem Privathaus statt. Dabei erhielt das Kind seinen Namen, üblicherweise nach einem verstorbenen Verwandten. Bei Krankheit des Kindes wurde die Beschneidung bis zur Gesundung verschoben. Seinen Lohn erhoffte sich der Beschneider im Jenseits. Nach der Beschneidung wurde ein großes Mahl gehalten, bei dem der Beschneider, die Verwandten, der Pate und die Patin eingeladen waren. Alle Anwesenden waren fröhlich und vergnügt. War der Pate aus einem unteren Stand, machte er den Eltern des Knaben ein Geschenk im Wert von 10 bis 15 Gulden, war er aus einem mittleren Stand, so war der Wert oft 20 Gulden und mehr.

Bei Mädchen fand ein ähnliches Fest mit Namensgebung vier Wochen nach der Geburt statt, es wurde jedoch viel geräuschloser gefeiert.

Konfirmation Am ersten Sabbat nach dem 13. Geburtstag wurde die Konfirmation gefeiert, denn der Knabe hatte die göttlichen Gesetze in der Judenschule gelernt und die Eltern konnten von der Verantwortung für die Sünden ihres Sohnes entbunden werden.
In vornehmeren Häusern wurden die Verwandten, der Pate und die Patin sowie der Lehrer zu einem besonderen Mahl eingeladen. Er hielt eine Ansprache über die Bedeutung des Festes.
In Wassertrüdingen wurde dieses Fest für Mädchen nicht gefeiert, in größeren Gemeinden dagegen zusammen mit den Knaben.

Verlobung Die Männer heirateten im Allgemeinen mit 24 bis 28 Jahren, die Frauen mit 18 bis 24 Jahren. Vor der Verlobung, bei der es ein Festmahl gab, wurde ein schriftlicher Vertrag aufgesetzt. Darin war das Vermögen der Brautleute festgehalten, was die Eheleute in kinderlosem Todesfall herauszuzahlen hatten, das Geloben von ehelicher Treue und Liebe und die Höhe des Reugeldes im Fall der Verlobungsauflösung. Der Brautstand dauerte ein ganzes Jahr, wurde jedoch manchmal auf 5 bis 6 Monate verkürzt.

Verehelichung Die Trauung wurde in der Synagoge, in besonderen Fällen im Haus des Rabbiners unter einem Trauhimmel vollzogen. Es waren zwei Männer als Trauzeugen nötig. Nach der Segnung der Eheleute, erklärte ihnen der Rabbiner die Heiligkeit des Tages und forderte sie auf, ihre gegenseitigen ehelichen Pflichten zu erfüllen.
Danach wurde ein großes Mahl gehalten, zu dem der Rabbiner und die Verwandten und Bekannten der Eheleute eingeladen waren. Häufig wurde musikalische Unterhaltung

geboten und getanzt. An die Armen wurde an diesem Tag der zehnte Teil des Vermögens der Eheleute verteilt.

Todesfälle Aus Kostengründen hatten oft acht bis zehn Gemeinden einen gemeinsamen Friedhof, weshalb ein Verstorbener nicht selten 4 bis 5 Stunden weit gefahren werden musste. Die Grabsteine waren mitunter wertvoll gestaltet. Die Schrift enthielt den Todestag und den Lebenswandel in einem Gedenkreim, dessen Zeilenanfangsbuchstaben den Namen des Verstorbenen bildeten.
Der vorherige Krankenbesuch war eine heilige Pflicht. Beim Verscheiden wurden von den Anwesenden Gebete verrichtet. Oft wurde auch in der Synagoge gebetet und an die Armen Geld verteilt. Der Tote wurde in ein weißes Leinentuch gehüllt und auf die Erde gelegt, darüber ein schwarzes Tuch ausgebreitet. Gegenüber vom Kopf brannte ein Öllicht. Bis zur Beerdigung wurden im Zimmer die Mischna (älterer Teil des Talmuds) gelesen und Psalmen gebetet.
Vor der Beerdigung wurde der Verstorbene mit heißem Wasser gewaschen, als Sterbekleider erhielt er seine Feiertagskleidung. Der Sarg bestand aus vier einfachen, zusammengenagelten Brettern. Im Leichenzug folgten dem Trauerwagen zuerst die nächsten Anverwandten, dann die Männer, danach die Frauen. Auf dem Gottesacker wurden Gebete verrichtet, Grabreden nur bei besonders verdienstvollen Personen gehalten.
Sieben Tage lang arbeiteten die Verwandten des Verstorbenen nicht, nach 30 Tagen endete die Trauer, bei Eltern nach einem Jahr.

Beschneidung und Trauung in Dinkelsbühl

1877 Für die Beschneidungen in Dinkelsbühl kam der Schopflocher Rabbiner. Bürgermeister Michael Schoberth gab einem Gesuch des Kaufmanns Robert Hamburger in einem Brief am 4. Juli 1877 statt.
1887 Eine erste jüdische Trauzeremonie fand in Dinkelsbühl 1887 statt.

Hamburgers Gesuch *Die Stadtverwaltung antwortete: „Auf Ihr heute mündlich angebrachtes Gesuch, die Beschneidung Ihres am 2ten v. Mts. geb.n Knaben Max Hamburger betr., ergeht zur Entschließung, dass dieser Beschneidung durch Jesaias Rosenfeld aus Schopfloch hierorts kein Hindernis im Wege steht, wenn sie in Gemäßheit höchster Ministerial-ratbeschließung vom 19. Juli 1845 […] den bezirksärztlichen Befähigungsnachweis seitens des Jesaias Rosenfeld nach-träglich zu liefern im Stande sind, was innerhalb 8 Tagen zu geschehen hat.“*

Schabbes und Passahfest

um 1910 Am jüdischen Feiertag Schabbat, vom Sonnenuntergang Freitag bis Sonnenuntergang Samstag, durften keine Geschäfte erledigt werden.

Erinnerungen von Helene Vered, geb. Hamburger *Die 1925 in der Langen Gasse 28 auf die Welt gekommene Helene Vered, geb. Hamburger, erzählt, wie sie am Samstagnachmittag in das benachbarte Gasthaus Zum goldenen Lamm um ein Seidel Bier geschickt wurde. „Wir haben dann erst abends nach Schabbat bezahlt, weil wir fromm waren.“*

Erinnerungen von August Gabler *Der Heimathistoriker August Gabler berichtet aus seiner Kindheit, dass man es vor dem Ersten Weltkrieg gewohnt war, „wenn am Freitagabend der Schabbes anging, die Judenschaft der oberen Stadt in breiter Front familienweise die Segringer Straße herabkam: Die Schloßberger [Segringer Str. 44], die Künzelsauer [Ellwanger Str. 8 bzw. Schreinersgasse 19], die Jordan [Schreinersgasse 5]. Diese Leute […] gingen in ihre ‚Schule'“, die im Haus von Hamburger, Klostergasse 5, eingerichtet war. Man konnte auch in der Dämmerung durch die Fenster in den Judenwohnungen die Kerzen am siebenarmigen Sabbatleuchter brennen sehen.*

Einige Geschäftsleute, wie das Textilgeschäft Waker in der Steingasse 7/9, oder der Gemischtwaren- und Schnittwarenladen Schloßberger, in der Segringer Str. 44 neben der Brauerei Zum Koppen, ließen alle Jahre an Ostern zum Passahfest in Weidenkörben Matzen, das ungesäuerte, dem Knäckebrot ähnlich schmeckende Fladenbrot, in der Nachbarschaft austragen. „Für uns Buben immer ein Genuss, wenn das Gebäck auch ,geradeaus' schmeckte."

Laubhüttenfest

Um 1890 Wohl seit den 1890er-Jahren, als Seligmann Hamburger in der Klostergasse 5 eine Zimmersynagoge einrichtete, wurde in der Langen Gasse 28 das Laubhüttenfest gefeiert. Das fröhlich begangene Sukkot war ein Erntedankfest, für das eine geschmückte offene Hütte gebaut wurde. Es fand im hinten gelegenen kleinen Hof statt. Das Haus gehörte Robert Hamburger, dem Bruder Seligmanns, er bezog es 1875. Haus und Hof gehören heute zum Hotel Goldenes Lamm mit Biergarten.

Judenfriedhof in Schopfloch

Im Verbandsfriedhof von Schopfloch wurden spätestens seit dem 16. Jahrhundert die Verstorbenen aus jüdischen Gemeinden bestattet, die bis zu 70 Kilometer entfernt waren. Die letzte Beerdigung fand 1937 statt.

1864 Die Mönchsrother Juden fuhren wegen des Stadtzolls traditionell ihre Verstorbenen über Wilburgstetten nach Schopfloch. In der Magistratssitzung wurde am 4. März 1864 beschlossen: *Der israelitischen Gemeinde Mönchsroth wird auf Ansuchen gestattet, künftig ihre in Schopfloch zu begrabenden Toten durch die hiesige Stadt zu fahren.* Dies verkürzte die Fahrstrecke auf der heutigen Mönchsrother Straße durch das Nördlinger Tor in die Stadt hinein und über die Wörnitzbrücke hinaus um einige Kilometer.

Die verstorbenen Dinkelsbühler wurden ebenfalls auf den Schopflocher Judenfriedhof überführt.

Erinnerungen von August Gabler 1917 Der Heimathistoriker August Gabler berichtet vom Trauerzug des Viehhändlers Emanuel Jordan, der 1917 starb: *Seine Überführung nach Schopfloch an einem sonnigen Sonntagvormittag nach der Kirche war für uns Buben eine Sensation. Vor dem Hause in der Schreinersgasse war ein Leiterwagen vorgefahren. Etwa 6 Männer aus der jüdischen Gemeinde (darunter der hagere Weinberger) schleppten eine lange rohe Holzkiste die Stiege herab und luden sie auf den Wagen. Ihm folgten Mutter und Töchter zu Fuß. Den Schluss des Konduktes macht der Lohnrössler mit einer leeren Kutsche. Nach dem Bahnübergang der Feuchtwanger Straße wurde angehalten. Die Angehörigen setzten sich nun in die Kutsche, die dem Leiterwagen im gleichen Tempo folgte.*

Synagoge

1882 Die kleine, junge israelitische Gemeinde Dinkelsbühl besaß keinen eigenen Synagogenbau. Am 8. August 1882 zeigte Seligmann Hamburger, dem das Haus Klostergasse 5 gehörte, dem Magistrat an, *dass die hier wohnenden Israeliten in meinem oberen Zimmer öfters Gottesdienst abhalten.* Die israelitische Kultusverwaltung Schopfloch hatte erklärt, *dass gegen Abhaltung eines Privat-Gottesdienstes an Sabbat u. Feiertagen in dessen Wohnung* keine Einwände bestünden, *insbesondere da es nach jüdischem Ritus nicht statthaft ist, eine solche große Strecke, wie von Dinkelsbühl hieher, an einem Sabbat oder Feiertag zu begehen oder zu befahren.*

Seligmann Hamburger teilte allerdings im Dezember mit, die Gottesdienste könnten vorläufig nicht stattfinden, *weil die Mitglieder der Familie Jordan an Samstagen gewöhnlich in München sind, u. ohne diese die erforderliche Zahl von 10 Teilnehmern nicht zusammengebracht werden kann.*

Um 1890 Wohl in den 1890er-Jahren, als in Dinkelsbühl mehr als 40 jüdische Einwohner waren, richtete Seligmann Hamburger zwei rückwärts gelegene Zimmer im 1. Obergeschoss als Synagoge ein, eines für Männer, eines für Frauen, die ein Vorhang trennte. Der Frauenraum diente auch als Schulraum. Die Bänke für diese Zimmersynagoge fertigte Zimmermeister Wilhelm Schlatterbeck an.

Klostergasse 5. Ehemaliges Synagogenhaus, links im Eingang die Gedenktafel (Foto 2017).

Gestaltung des Ladeneingangs von Seligmann Hamburger, Klostergasse 5, Umbauplan von 1890 (Stadtarchiv, Repro 2010).

Kurz nach dem Exodus der Juden wurde das Haus am 21. November 1938 von den Vorfahren des Gärtnereibetriebs Egelhof für 6281 Reichsmark erworben, 1954 wurden an die Wiedergutmachungsbehörde weitere 5000 Deutsche Mark bezahlt. Umbauten des Ladengeschäfts erfolgten 1957 und 1967/1968. Nach dem Pogromvandalismus am 10. November 1938 war als einziges auf dem Dachboden eine Bank übriggeblieben, die über die Schwiegertochter des Nachbesitzers, Adelgunde Egelhof, 1998 in das jüdische Museum in Fürth kam.

__Anmahnung einer Gedenktafel__ Georg Schlesinger, der von 1929-1932 im Schülerheim in Dinkelsbühl Ecke Lange Gasse/Turmgasse untergebracht war, besuchte 1989 Dinkelsbühl. Er war über eine fehlende Gedenktafel für den ehemaligen Gebetsaal überrascht und teilte dies in einem Brief Bürgermeister Dr. Walchshöfer mit.

Auf eine Initiative von Angelika Brosig hin, brachte die Stadt eine Gedenktafel seitlich am Hauseingang an. Die Feierlichkeit fand am 22.04.2007 statt.

Ehemalige Synagoge
der jüdischen Bürger
von 1862 bis 1938
Iskor – Im Gedenken

Die Jahreszahl 1862 bezieht sich auf den Einzug Seligmann Hamburgers in die Klostergasse 5, nicht auf die Einrichtung der Synagoge, 1938 erfolgte der jüdische Exodus.

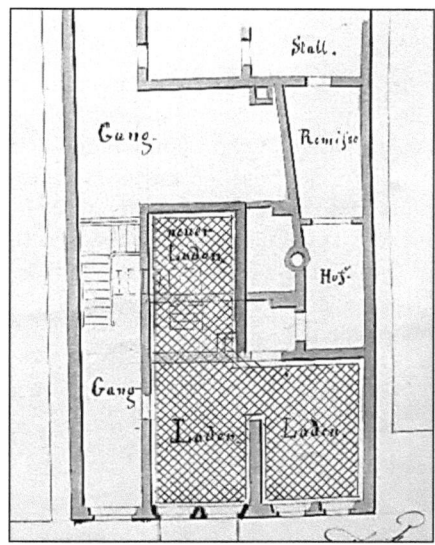

Seligmann Hamburgers Umbauplan, Klostergasse 5, 1890. Zum Hofraum ist der Hausbrunnen eingezeichnet (Stadtarchiv, Repro 2010).

Mikwe

Im Erdgeschoss des Hauses der Synagoge, Klostergasse 5, befand sich vorübergehend auch eine Mikwe (Ritualbad für Frauen und Männer), wie die Nachbesitzerin, Adelgunde Egelhof, brieflich mitteilte: *Der Raum rechts, der jetzige Heizraum, wurde von den Hamburgers als Bad verwendet. Über Stufen, die bis ins Wasser hinunterreichten, gelangte man in den Badebereich*. Sie wurde bis in die 1920er-Jahre benutzt. Zuvor befand sich dort laut Plan von 1890 ein Hausbrunnen.

Beim Hausumbau 1967/1968 wurden die Erdgeschossräume auf gleiche Höhe gebracht, am Platz der ehemaligen Mikwe wurde eine Zentralheizung installiert.

Die Synagoge besaß zwei Tora-Rollen. Der erhaltene silberne Tora-Schild, 29 cm hoch und 27 cm breit, schmückte die Tora-Schriftrolle mit den fünf Büchern Mose. Sie sind im Oval unten mit dem Schrein dargestellt. Rechts deutet Mose auf die Tafel mit den Zehn Geboten.

Im Dezember 1938 veranlasste der Generaldirektor der staatlichen Archive in Bayern die Sicherstellung von Judenakten und jüdischen Schriften. Man veranlasste Stichproben bei den drei hiesigen Altmaterialienhändlern. Sie besaßen keinerlei Schriften aus Synagogen oder jüdischen Geschäften. In den Dinkelsbühler Akten ist vermerkt, das keine jüdischen Archivalien sichergestellt wurden. Der Tora-Schild wurde wohl vor dem Synagogenvandalismus im November 1938 gerettet und befindet sich im Israel Museum in Jerusalem.

Dinkelsbühler Tora-Schild. Aus: Harburger, Theodor: Die Inventarisation jüdischer Kunst- und Kulturdenkmäler in Bayern; Band 2, 1998 (Foto 1930).

Rabbinat und Kultusgemeinde

1861-1872 Dinkelsbühl, Feuchtwangen und Wittelshofen gehörten zum Rabbinat Schopfloch, dagegen gehörte Mönchsroth zu Wallerstein. Die Dinkelsbühler Juden gehörten bis zum Tod von Rabbiner Nathan Ehrlich 1872 zum Rabbinat Schopfloch, danach zum Rabbinat Ansbach.

1863 Während die Dinkelsbühler Max Joel Gutmann und Seligmann Hamburger Mitglieder der Kultusgemeinde Schopfloch waren, stellte Loeb Lang im September 1863 den Antrag, der Feuchtwanger Kultusgemeinde anzugehören: *In Feuchtwangen habe ich in den Angehörigen der Familie Weihermann Verwandte, bei welchen ich zur Feier des Sabbats u. der Feiertage freie Wohnung und die koschermäßige Kost erhalte.* Seit er in Dinkelsbühl war, fuhr er *gewöhnlich an den Freitagen mit dem Omnibusse nach Feuchtwangen.* Dem stand jedoch eine Ministerialentschließung entgegen, auch Schopfloch war nicht damit einverstanden. Dementsprechend beschloss der Magistrat 1864, Loeb Lang als Dinkelsbühler Israeliten der Kultusgemeinde Schopfloch zuzuteilen, was die königliche Regierung von Mittelfranken bestätigte.

Regierungsanfrage zum Kultus Im Mai 1869 beantwortete Dinkelsbühl eine Anfrage der Regierung über die Verhältnisse des israelitischen Kultus und Unterrichts im Königreich: Im Stadtbezirke Dinkelsbühl wohnen nur zwei israelitische Familien, welche bezüglich des Kultus und Unterrichts der israelitischen Gemeinde Schopfloch, woselbst sich auch ein Rabbiner befindet, zugeteilt sind.

Um 1925 Die Kultusgemeinde Schopfloch veränderte sich um 1925 in die Israelitische Kultusgemeinde Schopfloch-Dinkelsbühl. Die Verwaltung setzte sich 1930 aus dem Vorstand Samuel Herz (Schopfloch), dem Pfleger Siegfried Rosenfeld (Schopfloch) sowie den Bevollmächtigten David Levite (Dinkelsbühl), Ludwig Ansbacher (Dinkelsbühl) und Felix Klau (Dinkelsbühl) zusammen.

1931 Die Dinkelsbühler Judenschaft strebte eine eigene Israelitische Kultusgemeinde an. Im Mai 1931 fand eine Versammlung in Schopfloch statt, an der alle in Dinkelsbühl wohnenden Juden teilnahmen. Es wurde eine vorläufige Verwaltung der Dinkelsbühler Kultusgemeinde mit dem Kaufmann David Levite als Vorstand gewählt, Ludwig Ansbacher gehörte ihm nicht mehr an. Die Vereinbarung zwischen der Kultusgemeinde Schopfloch und den Dinkelsbühler Juden wurde geschlossen, und der Verband Bayrischer Israelitischer Gemeinden in München teilte die Kultusgemeinde Schopfloch-Dinkelsbühl auf. Die Regierung von Mittelfranken stimmte dem zu.

Stadtratsbeschluss Im Wörnitz-Boten war zu lesen, dass in der Stadtratssitzung vom 26. Oktober 1931 die Bildung einer Isr. Kultusgemeinde in hiesiger Stadt bzw. Verleihung der Körperschaftsrechte beschlossen worden sei.

1932 Die Genehmigung des Ministeriums für Unterricht und Kultus erfolgte am 6. Mai 1932. Die neue Kultusgemeinde zählte 66 Köpfe, darunter 29 selbständige Mitglieder. Zum 1. Vorstand wurde Adolf Hamburger gewählt. Die Gemeinde war orthodox, alle Festtage wurden in der kleinen Synagoge Klostergasse 5 abgehalten.

Religionsunterricht
1873-1887 Bis zur Jahrhundertwende 1900, damals rund 50 wohnhafte Israeliten, gab es wenige Kinder in einer Altersgruppe. Umso mehr in den Anfangsjahrzehnten der jungen Gemeinde.
Für den Religionsunterricht an der Gewerbeschule in Dinkelsbühl war 1873 kein Geld vorhanden. In der Magistratssitzung wurde beschlossen, *dass der kgl. Regierung die Unzulänglichkeit der städtischen Mittel zur Aufstellung eines solchen Religionslehrers nachgewiesen werden soll.*
Deshalb sollte zunächst der Religionsunterricht privat im Synagogenhaus Klostergasse 5 von Seligmann Hamburger organi-

siert werden. Doch 1876 suchte man per Inserat in Unterdeufstetten (Baden-Württemberg) einen Lehrer, dem man den Pos-
ten schmackhaft machte: *Da nur einige Schüler vorhanden sind,
so könnte in der 1 Stunde entfernten bayerischen Stadt Dinkelsbühl durch Privatreligionsunterricht noch ein schöner Nebenver-
dienst erzielt werden.*

Erfolglos. Hamburger gab dann 1885 ein weiteres Inserat auf:
*Ein Religionslehrer, ledig, streng religiös, welcher auch baal
kore ist [Vorbeter in der Synagoge], wird für einige Familien ge-
sucht. Gehalt 450 M., circa 100 M. Nebenverdienste und freien
Mittagstisch. Offerten mit Zeugnissen sind zu richten an S. Hamburger, Dinkelsbühl, Bayern.*

Zwei Jahre später, 1887, inserierte Robert Hamburger, der jün-
gere Bruder von Seligmann, der Lehrer sollte *Religionslehrer,
Schächter und Vorbeter* sein.

1894 Dann ergab sich eine Möglichkeit, nicht nur Religion, sondern auch die Volksschulkinder selbst zu unterrichten. Lehrer
Mayer Rosenstein aus Schopfloch lehrte in der Dinkelsbühler
Realschule am Mittwoch bis 2 Uhr mosaischen Religionsunterricht. Er erklärte sich bereit, den Unterricht zu erteilen.

Man ersuchte den Stadtmagistrat 1894, an den Sonntagen von
1 bis 3 Uhr und Mittwochnachmittag von 2 ½ bis 4 ½ Uhr, *da an
diesen Tagen unsere Kinder an den hiesigen Volksschulen frei
haben,* die Räume der Realschule benutzen zu dürfen: *Es ist
zwar eine schwere Aufgabe, die Kosten des Herrn Lehrers auf-
zubringen, doch sind wir Unterzeichnete gerne bereit, dieses
Opfer zu bringen, denn Religion ist die erste Pflicht des Menschen.*

Die Unterzeichner waren F. (Feis) Levite, E. (Emanuel) Jordan,
A. (Abraham) Ascher, I. (Isaak) W. Waker, Emanuel Waker
(Sohn) und Abraham Koch. Das Gesuch wurde genehmigt.

1911 In Dinkelsbühl konnte 1911 ein Religionslehrer für ein mo-
natliches Entgelt von 100 Mark angestellt werden. Die religiöse
Unterweisung erfolgte im Haus des Vieh- und Unterhändlers
Emanuel Jordan in der Schreinersgasse 5. Er vermietete an die
Israelitische Kultusgemeinde Schopfloch, der die Dinkelsbühler
damals angehörten, für den Unterricht ein Erdgeschosszimmer.

Im Januar 1913 stellte der Bezirksarzt in einem Gutachten fest, dass die Größe von rund 35 Quadratmetern für 9 Schüler geeignet sei, dass aber die Rüben aus einem angegliederten Bretterverschlag entfernt und der Fußboden repariert werden müssten. Dem kam Jordan nach.

Den gemeinsamen Unterricht aller Schularten gab der Schopflocher Volksschullehrer Mayer Rosenstein, der zu seinem Ruhestand November 1929.

1931 Weil Dinkelsbühl eine eigene Kultusgemeinde anstrebte, beantragte man ein Lehrzimmer für den Religionsunterricht an den Volksschulen. Der Stadtschulrat i. V. befürwortete den Antrag, *weil der Unterricht zu den ordentlichen Lehrfächern zählt.* Es wurde der 19-jährige jüdische Lehrer und Kantor Karl Krebs aus Ansbach für den Volksschul- und Realschulunterricht *vorerst für 3 Jahre* eingestellt, wie David Levite im Auftrag dem Stadtrat von Ansbach mitteilte. Krebs war in Diwischau (Böhmen) geboren, war tschechoslowakischer Staatsangehöriger und lebte seit dem ersten Lebensjahr in Deutschland. Er stellte im März 1931 in Dinkelsbühl ein Einbürgerungsgesuch, es wurden aber in der Stadtratssitzung Bedenken dahin geäußert, dass *bei der geringen Zahl der israelitischen Kultusgemeinde,* bei einer evtl. Kündigung *das weitere Fortkommen* nicht gesichert sei.

Man teilte der Kammer des Innern der Regierung Mittelfranken in Ansbach mit, von einer Einbürgerung abzusehen. Von dort bekam Krebs den Bescheid, die Einbürgerung könne ihm *z. Zt. nicht in Aussicht gestellt werden.*

Im Schuljahr 1931/1932 erhielt die Kultusgemeinde für die Erteilung des israelitischen Religionsunterrichts einen Zuschuss von 324 Reichsmark für 3 Schüler, im Schuljahr 1932/33 432 RM für 6 Schüler.

1933 Dann widerrief im April 1933 die Stadtverwaltung die Aufenthaltsgenehmigung für Lehrer Karl Krebs. Als Grund wurde angegeben, er habe im Haus Lange Gasse 10 bei Levite geschächtet.

Danach übernahm Adolf Hamburger, der Vorstand der israelitischen Kultusgemeinde, den Religionsunterricht an den Volksschulen. Er erhielt von der Kreiskasse Ansbach im Schuljahr 1933/34 als Jahresvergütung 432 RM für 4 Wochenstunden.

In der Schule

Evangelische Volksschule
Realschule
Die jüdischen Bürger schickten ihre Kinder in die größeren, evangelischen Mädchen- oder Knabenvolksschulen, die sich im ehemaligen Karmeliterkloster befanden.
Für die Jahre 1925-1929 wird berichtet, dass die jüdischen Kinder in der evangelischen Volksschule durchaus gut erzogen, immer reinlich gekleidet und begabt waren.

Erinnerungen von August Gabler Der Heimathistoriker August Gabler erinnert sich an seine Mitschüler. Wenn in den evangelischen Volksschulen Religionsstunde war, gewöhnlich eine Randstunde, gingen die israelitischen Schülerinnen und Schüler nach Hause. Wenn sie am Samstag, dem Sabbat, nicht schrieben, weil sie keine Arbeit verrichten durften, fand keiner von den Mitschülern etwas dabei. Die Banknachbarn notierten ihnen die Hausaufgaben in das Heft. Sanny Chapiro, der Pflegesohn des Ehepaars Klau, besuchte um 1926 die dritte Klasse. „Weder Sanny noch seine Schulkameraden dachten sich etwas dabei, wenn er lauthals mit den anderen Kindern zur Weihnachtszeit das Lied ‚Vom Himmel hoch' sang."

Nach der vierten Klasse besuchten die meisten die Realschule im Alten Rathaus (ab 1877, mit drei Lateinklassen), nur wenige das Pro-Gymnasium, eine vorbereitende Lateinschule, die 1895/96 eingerichtet worden war. Die Realschule in Dinkelsbühl besuchten auch jüdische Kinder der Umgebung, insbesondere aus den Dörfern Mönchsroth und Schopfloch – im Jahr 1919 waren es acht von insgesamt 198 Schülern.

Erinnerungen von Helene Vered, geb. Hamburger Die in Palästina lebende 93-Jährige erinnert sich: „In der Volksschule waren wir in der 1. Klasse nur Mädchen. Später kamen auch Buben dazu. Von den christlichen Buben ist mir am besten Wolfgang Wenng in Erinnerung. Mit ihm habe ich mich sehr gut verstanden. Erst ab der 3. Klasse [1934] hatten wir etwas von den neuen Zeiten gemerkt. Da hatten wir einen Lehrer Hahn, der hat in der Nördlinger Straße gewohnt, der war bereits in der SA. Der Heinz [Ansbacher] und ich, wir zwei mussten hinten sitzen, auf der letzten Bank zusammen, weil wir Juden waren. Ein- bis zweimal in der Woche gab es das Unterrichtsfach ‚Rassenlehre'. Da mussten wir draußen warten, bis das vorbei war. Als ich in die 4. Klasse ging, waren die Wände bereits mit dem ‚Stürmer' tapeziert.*

Helene Vered, als sechsjähriges Schulkind. Aus Gronauer, Gerhard: Erinnerungen einer jüdischen Dinkelsbühlerin: Helene Vered, geb. Hamburger, Lange Gasse 28.

Ich habe auch einmal etwas angestellt. Vor mir saß die Elisabeth, die war mit dem Lehrer verwandt. Die hatte lange Zöpfe, und wir hatten gerade Handarbeitsunterricht. Mir war langweilig. Da nahm ich die Schere und schnitt ihr die Zöpfe ein bisschen ab [sie lacht.] Dann nahm der Lehrer den Rohrstock vom Schrank, und ich bekam große Angst, weil ich wusste, der ist bei der SA. Er hat aber nur ganz wenig und sachte zugehauen. Hat gar nicht wehgetan. Vielleicht war der Herr Hahn nur äußerlich bei der SA und gar nicht so schlimm. Das war das einzige Mal, dass ich in der Schule eine Strafe bekam.

Als ich in die 5. Klasse kam [1936], durften keine jüdischen Kinder mehr in die deutsche Schule gehen. Adolf [Hamburger], der Cousin meines Vaters, hat sein Wohnzimmer zur Verfügung gestellt, dass wir dort unterrichtet werden konnten. [...] Die Kinder, die in dieser Sonderklasse unterrichtet wurden, kamen von überall her, nicht nur aus Dinkelsbühl, sondern auch aus Mönchsroth, Schopfloch und sogar von Rothenburg. Wer abends nicht mehr mit dem Zug heimfahren konnte, musste in Dinkelsbühl bei jüdischen Familien übernachten. Dann kam eine Lehrerin aus Nürnberg [Emma Gostorffer], die nicht mehr an normalen deutschen Schulen unterrichten durfte, weil ein Großelternteil von ihr jüdisch war. Sie hat das nie verstanden, weshalb sie deshalb nicht mehr an normalen Schulen Lehrerin sein konnte. Nach zwei Jahren [1938] musste die jüdische Klasse eingestellt werden, weil wegen der Abwanderung kaum noch Kinder da waren."

Erinnerungen von Manfred Ansbacher *Manfred Ansbacher (Anson), geb. 1922, verzogen 1936, schrieb aus USA mehrere Briefe in Deutsch und Englisch nach Dinkelsbühl: „Die Jahre von 1922 bis etwa 1932 waren ganz schön, aber dann kam der Nazismus auch in unsere Schulen und vergiftete die ganze Jugend in unseren Schulen. Dann wurde ich von der Realschule hinausgeworfen, um die Schulen Judenrein zu machen, zusammen mit einem kleinen Mädchen,*

Margot Sommer. Wir waren die einzigen Juden in der Real-schule. Und auf Englisch: I also wish to state that most of my school friends until 1933 behaved very well towards myself, even when they all had to join the Hitler Youth or Jungvolk. Three boys in particular were always friendly to-wards me, Otto Kraus, whose parents owned a hotel am Schweinemarkt, das Weiße Roß, Hans Kohler, whose father was a doctor [...] And then there was also Peter Hammer-ich. Als weiteren nennt er noch Helmut Stöcklein. Es waren die, die zu mir hielten und mich noch ansprachen unter dem Druck der Nazis. Alle anderen hatten mir den Rücken gezeigt und mich verhaut." Auch die Mädchen hielten sich zurück. Über das Schlittschuhlaufen auf dem Rothen-burger Weiher schrieb er: „Ich wollte doch so oft mit mei-nen Schulfreundinnen auf dem Eis tanzen, aber nach 33 wagte sich kein Mädel an mich ran wegen Rassenschande, und sogar die Jungens wollten nicht mit mir laufen oder nachjagen. Ich war immer alleine."

Manfred Ansbacher als Kinderzech-Leutnant im Jahr 1932 (Stadtarchiv).

Er erinnert sich, dass ihn der Englischlehrer Doederlein, der Kunstlehrer Schüßel und der Mathematiklehrer gut behandelten. Und dann gab es noch einen Deutschlehrer: „Als er zu meinem Aufsatz kam, sagte er zur Klasse, ich saß wie immer auf der letzten Bank alleine als Nichtarier, ‚da der Ansbacher ja kein Deutscher ist, kann man von ihm ja auch keinen guten Deutschen Aufsatz erwarten, und deshalb bekommt er Note Fünf'."

Weiter berichtet Manfred Ansbacher, dass der Ortsgruppenleiter und Bürgermeister in Vertretung, Fritz Lechler, seinen Großvater warnte: „It was under director Wagner that I was thrown out of the Realschule and the school was Judenrein as he reportet to Herrn Bürgermeister Lechler, who was at one time the Pedell of the school in the Klostergasse. His mother was the Putzfrau meiner Großeltern Schloßberger. I must say, that he had the decency [Anstand] to warn my grandfather that Nazis would come and get him, and he was taken to the train by an old friend in his car to escape, his name was Lang and he had a factory outside the town, making agricultural machinery."

Jüdische Sonderschule

1935 Die *Sonderung der Kinder nichtarischer Abstammung* an den Volksschulen und Berufsschulen wurde 1935 geplant. Es wurde eine Zusammenfassung jüdischer Schüler in eigenen Schulen oder Klassen geprüft, *gegebenenfalls unter Zusammenziehung der Kinder mehrerer Gemeinden [...]. Finanzielle Erwägungen scheiden bei dieser Prüfung aus.* Die Erziehungsberechtigten mussten dem Klassenlehrer schriftlich die arische Abstammung des Kindes erklären oder mündlich zur Niederschrift geben.

1937 Aber erst im Januar 1937 wurde die gebürtige Nürnbergerin Emma Gostorffer als Lehrerin einer israelitischen Sonderklasse angestellt. Sie war aus der israelitischen Religionsgemeinschaft ausgetreten, ihre Mutter war evangelisch. Das Gehalt und den Angestelltenversicherungsbeitrag zahlte die Kreiskasse Ansbach.

Sie unterrichtete bei Adolf Hamburger in der Klostergasse 5 im Synagogenhaus, wo die Stadt einen Raum im Obergeschoss für 30 Mark monatlich im September 1936 angemietet hatte. Das Heizmaterial wurde von der Stadt geliefert.

Zur Anschaffung von Lehrmitteln und Schuleinrichtungsgegen-ständen wurden der jüdischen Sonderklasse 116 M bewilligt und 25 M für Schreibwaren, schrieb Lehrerin Emma Gostorffer an die Stadtverwaltung Juni 1937. Sie bat um einen weiteren Zuschuss für eine Tafel: *Ich würde dann die Anschaffung eines Schrankes und einer Wandkarte zurückstellen.* Bürgermeister Fritz Lechler genehmigte dies, die Schultafel wurde beschafft.

Die Jüdische Sonderschule besuchten elf Kinder: I. Klasse: Erna Levite aus Mönchsroth und Inge Strauß aus Dinkelsbühl; III. Klasse: Sigrid Ansbacher aus Dinkelsbühl und Fritz Bergmann aus Feuchtwangen; IV. Klasse: Kurt Birk aus Dinkelsbühl, Justin Cahn aus Schopfloch, Louis Levite aus Mönchsroth, Dorothea Schmidt aus Schopfloch; V. Klasse: Heinz Ansbacher aus Dinkelsbühl, Helene Hamburger aus Dinkelsbühl, Karola Rosenfeld aus Schopfloch.

Schulleiter war Volksschullehrer Karl Michael, der *die jüdischen Kinder und deren Lehrerin gegen Anpöbelung in Schutz* nahm.

1938 Die Lehrerin Emma Gostorffer blieb bis Anfang November 1938 in der Stadt. Der Unterricht war wegen der geringen Kinderzahl eingestellt worden, es waren Familien fortzogen. Die letzten vier jüdischen Kinder verließen nach dem Pogrom die Stadt, am 10. und 11. November. Wenige Tage später, am 14. November 1938, erfolgte ein allgemeines Schulverbot für Juden. Im Deutschen Reich waren *sämtliche jüdischen Schüler und Schülerinnen von jedem Unterricht zu beurlauben.* Dies galt für *alle öffentlichen und privaten Schulen ohne jede Ausnahme.*

Der Lebensunterhalt

Die meisten jüdischen Bürger betrieben Kurzwarenhandel (Knöpfe, Geldtaschen, Uhren, Messer, Ringe usw.) als Laden- beziehungsweise Hausiergeschäft. Ein anderer Bereich war der Tuch- und Textilhandel mit Kleidung und Schnittware. Sie waren als Viehhändler und im Futter- und Getreidehandel tätig, auch im Zwischenhandel als Unterhändler (Makler). Die Dinkelsbühler Juden hatten auf dem Land den Ruf tüchtiger Geschäftsleute, die von der Bevölkerung wegen ihres Scharfsinns geschätzt wurden.

Emanuel Waker besaß das größte Textilgeschäft. Er war aus Schopfloch zugezogen, kaufte 1888 das Anwesen Steingasse 7 und zehn Jahre später das Nachbarhaus Nr. 9 dazu. Die beiden Häuser wollte er verbinden und zu einem Kaufhaus umbauen. 1905 erwarb er noch das Haus Segringer Str. 16.
Das Geschäft florierte, nicht zuletzt ein Verdienst von Wakers tüchtiger Frau Amalie, eine Weinhändlertochter aus Obernbreit (Bad Kitzingen). Die Geschäftslage in der Steingasse war gut, denn sie verband die Schranne am Weinmarkt mit dem Schweinemarkt hinter dem Rathaus und wurde am Mittwochsmarkt zur Hauptverkehrsstraße mit vielen Passanten.
Waker beschäftigte 2 Verkäuferinnen und 2 Verkäufer, 1 Lehrmädchen, 2 Dienstmädchen und eine Köchin. Diese und ein Dienstmädchen waren katholisch, alle anderen israelitisch.

Erinnerungen von August Gabler „Den Chef sah man weniger im Laden, sondern auf der Straße, wo er die Bäuerinnen animierte, einen Besuch zu machen: ‚Karline, komm mal rei zu uns.‘ – Waker selbst konnte den Juden nicht verleugnen. Er war mittelgroß, hatte bald graue Haare, und sein Gang war trippelnd.“

Fassadenplan des Kaufhauses Waker, Steingasse 7 und 9.

Während des Ersten Weltkriegs hatte Waker den Auftrag, das Getreide aufzukaufen und abzuführen. Hierzu hatte er einen Boden im ersten Stock des Kornhauses in der Koppengasse (heute Jugendherberge) und Böden in der Scheune der damaligen Goldenen Rose, Segringer Str. 11, angemietet.
Emanuel Waker verzog, nachdem seine Frau 1918 verstorben war nach München. Er verkaufte 1925 seine drei Häuser mitsamt dem Warenbestand.

Erinnerungen von August Gabler an Emanuel Jordan Er *„war Viehhändler und ein kleines, schwarzhaariges, fast schüchternes Männlein mit dunklen Augen. So saß er auf dem Bock seines kleinen Wagens, vor sich ein Pferdchen, hinter sich den vergitterten Stall für das gekaufte Kleinvieh".*

Bekannt war auch das Farbengeschäft **Weinberger & Birk**. Willi Wolf Weinberger hatte *sein Geschäft aus kleinen Anfängen zu* *ansehnlicher Größe und Blüte* gebracht, wie es im Wörnitz-Boten anlässlich seines Todes 1927 hieß. Die Farbenfabrik mit Lagerhäusern Ladegässlein 1 und Elsassergasse 17, wurde von seinem Schwiegersohn Willi Birk weitergeführt.

Jüdische Einkommen-Statistik

1930 Im Jahr 1930 besaßen zwölf steuerpflichtige Juden städtischen Haus- und Grundbesitz. Das Einkommen der Juden in Dinkelsbühl fiel nicht aus dem allgemeinen Rahmen. Es bezahlten 29 jüdische Steuerzahler durchschnittlich 69,20 Reichsmark, 8 Steuerzahler lagen darüber. Die Einkommensteuer betrug insgesamt 1 292 RM, die Vermögenssteuer 343 RM, die Gewerbesteuer 134 RM, die Grund- und Haussteuer 141,76 RM und die Hausiersteuer von sechs Personen 96 RM.

1931/1932 Einen Einblick in die Lebensverhältnisse geben auch die Zahlen der Bürgersteuer von 1931/1932. Von den 30 steuerpflichtigen Juden zahlten 14 den niedrigsten Satz von 6 RM und sieben Personen 9 RM, wobei sieben von ihnen die Zahlung ganz oder teilweise erlassen wurde. Während die jüdischen Bürger durchschnittlich 10,50 RM Steuer bezahlten, waren es bei den Christen 13,21 RM. Drei jüdische Bürger hatten ein Einkommen zwischen 2 500 und 4 500 RM, das Spitzeneinkommen betrug 6 200 RM.

1938 Die Vermögenserhebung der in Dinkelsbühl wohnhaften Juden vom 1. Juli 1938 ergab, dass nur Josef und Marta Schloßberger, Adolf Hamburger und die Farbfabrikbesitzerwitwe Emma Weinberger mehr als 5 000 Reichsmark besaßen.

Existenzbedrohung durch Nazi-Verwaltung

Nach dem Ersten Weltkrieg lebten jüdische und christliche Dinkelsbühler Bürgerinnen und Bürger noch in bestem Einvernehmen. Der Großteil der Kleinstädter identifizierte sich nicht mit Hitlers Judenfeindlichkeit.

Ein gutes Verhältnis hatte die Familie Hermann Levite mit ihrem Vermieter Rosenbauer in der Nördlinger Str. 5. Als dessen Tochter Berta den Lehrer Hahn heiratete, ging die etwa siebenjährige Senta Levite dem Brautpaar im Hochzeitszug zur Kirche voran.

> *Reisebericht eines Journalisten* Zur Frage des Antisemitismus in Dinkelsbühl schreibt der Reisejournalist Gustaf Kauder in der Berliner Zeitung am 6. April 1932: „Sie werden ganz lebhaft, bewahre, wenn nur recht viel Juden herkämen, wir brauchen jedes bisschen Fremdenverkehr, wörtlich: ‚Es tut ihnen hier kein Mensch etwas, den Herren Israeliten.'"

Nazi-Aufruf zur Kinderzeche, Wörnitz-Bote 1933. Der Begriff „Volksgemeinschaft" zielte bereits auf die Ausgrenzung der Juden ab.

Doch je mehr im Reich die Judenfeindlichkeit und die nationalsozialistische Durchdringung zunahmen, desto weniger konnte man sich dem bösen Zeitgeist und Zwang entziehen. So wurde einem Dinkelsbühler Bauern der Handel mit einem jüdischen

Viehhändler unter Androhung des Ausschlusses aus dem Zucht-verband verboten.

nach 1933 Die Boykottmaßnahmen der Nationalsozialisten ab April 1933 zwangen die jüdischen Geschäftsleute schließlich ihre Dinkelsbühler Läden nach und nach zu schließen und ihren Handel auf das Land zu verlegen.

Doch dann nahm ihnen die Nazi-Verwaltung mit der Verweige-rung des *Wandergewerbescheins* auch diese Erwerbsmöglich-keit. Damit übten die Parteigenossen Druck auf die Juden aus, die Stadt zu verlassen. Es wurde allgemein gegen Hausier- und Straßenhandel vorgegangen.

Gewerbebetriebe-Statistik

1930 Während es 1930 noch 14 jüdische Gewerbebetriebe in Dinkelsbühl gab, waren 1937 nur 5 Betriebe, 1938 noch 4 Betriebe gemeldet: Das Manufakturenwarengeschäft von Robert Hamburger (Inhaber: Söhne Emil und Benno), Selig-mann Hamburger (Inhaber: Sohn Adolf), Sigmund Schloß-berger (Inhaber: Sohn Josef) und die Lack- und Farbenfabrik Willi Weinberger (Inhaber: Schwiegersohn Willi Birk).

1936 Der Stadtrat beschloss unter dem Vertretenden Bürger-meister und Ortsgruppenleiter der NSDAP Fritz Lechler am 27. Oktober 1936 ein Kaufverbot bei Juden. Dabei übte man exis-tentiellen Druck auf die städtischen Bediensteten aus: *Den städt. Beamten, Angestellten und Arbeitern ist wiederholt ge-gen Unterschrift zu eröffnen, dass fristlose Entlassung aus städt. Diensten erfolgen müsste, wenn festgestellt wird, dass städt. Beamte, Angestellte oder Arbeiter oder deren Angehörigen bei Juden Einkäufe betätigen.*

Familienschicksale

Ludwig Ansbacher, geb. 1888, verheiratet mit **Selma, geb. Schloßberger**, drei Kinder, Altrathausplatz 11, war zu 50 % kriegsbeschädigt. Wegen des eines Auges trug er eine schwarze Augenklappe. Er besaß für das Jahr 1937 einen Gewerbeschein zum Verkauf von Gemischtwaren.

Die NSDAP-Ortsgruppe Burk meldete einen Vorfall, bei dem u. a. Mutter und Tochter D. in Matzmannsdorf übereinstimmend aussagten: *Am 15. März 1937 habe ich mich mit meiner Mutter Karolina D. über den Illustrierten-Beobachter, der die jüdischen Gräuel in Spanien brachte, unterhalten. Unter anderem sagte ich zu meiner Mutter, da sind nur die Juden dran Schuld. Als dann ganz kurze Zeit darauf der verh. Postagent Fritz K. von Burk die Post brachte, frug meine Mutter denselben, ob es wahr ist, dass an den Gräuel in Spanien nur die Juden daran schuld seien. K. sagte hierauf zu meiner Mutter: ‚Kein anderer Mensch nicht.' Hierauf sagte meine Mutter zu K.: ‚Wenn mir jetzt wieder ein Jude kommt, halte ich dieses denselben auch gleich vor.'*
Als wir uns noch miteinander über die Gräuel in Spanien unterhielten, kam der Jude Ansbacher von Dinkelsbühl, der mit Stoffen hausierte, bei uns zur Wohnzimmertüre herein. Als meine Mutter den Juden Ansbacher, der ihr bekannt ist, sah, nahm sie den Illustrierten-Beobachter in die Hand und sagte zu Ansbacher: ‚Gleich erschossen gehört ihr miteinander.' Hierauf sagte Ansbacher zu meiner Mutter: ‚Ja, einer muss die Schuld haben.' K. verließ hierauf unser Wohnzimmer. Als ich und meine Mutter mit Ansbacher alleinig waren, sagte derselbe zu uns: ‚Wir sollen nur noch etwas warten, jetzt kämen eben die Juden daran, und wenn diese dran gewesen wären, kommt bestimmt ihr Evangelische dran.'

Ansbacher bestätigte in seiner Aussage, dass er gesagt habe, *einer muss die Schuld haben.* Weiteres stritt er ab. Man habe sich über Dinkelsbühler Judenfamilien unterhalten: *Es kommt öfters vor, wenn ich in ein Haus komme, dass ich befragt werde, was wir kleine arme Juden verbrochen haben, weil es uns jetzt so geht. Dabei sagen die Leute gewöhnlich, jetzt kommt ihr Juden daran, und nachdem wir Christen. Ich erkläre immer, dass ich von Politik nichts wissen will, ich bin Hausierer und will nur etwas verkaufen, um meine Familie zu ernähren. In keiner Weise habe ich mich schon jemals in frecher, herausfordernder Weise benommen.*

Ludwig Ansbacher wurde der Wandergewerbeschein am 5. April 1937 durch Bürgermeister Fritz Lechler *wegen Unzuverlässigkeit im Hausiergewerbe* entzogen.

Die Familie Ansbacher verzog am 19. Juni 1937 und wanderte aus. Sohn **Manfred** war bereits 1936 verzogen, Sohn **Heinz Joachim Ansbacher**, geb. am 24. Dezember 1925, wurde am 1. August 1942 von den Nazis umgebracht.

Fanny Benjamin, geb. 1888, ledig, wohnte Schrannengasse 2, II. Stock. Sie wurde wiederholt operiert und war schwer herzkrank. Am 28. April 1936 genehmigte Bürgermeister Fritz Lechler ihren Antrag auf einen Reisepass in die Tschechoslowakei, wo sie eine Kur machen wollte. Am 31. Dezember 1937 stellte sie einen Antrag für einen Wandergewerbeschein, den sie so begründete: *Ich besuche stets nur Glaubensgenossen. Ich bin auf das Wandergewerbe angewiesen, da ich alleinstehend bin und keine unterstützungspflichtigen Verwandten habe. Ich bin nicht imstande, mich einem anderen Beruf zuzuwenden u. wäre ohne Erteilung d. Wandergew.-Scheins brotlos.* Bürgermeister Lechler teilte sich selbst als Ortsgruppenleiter der NSDAP am 4. Januar 1938 mit: *Da bei der Jüdin Fanny Benjamin Verdacht besteht, dass dieselbe bei arischen Familien im Kreisgebiet Dinkelsbühl sowie in den angrenzenden Kreisgebieten hausiert, was bei der Bevölkerung berechtigte Empörung hervorrufen würde, kann ihr eine Karte nur zugestanden werden, wenn sie von Dinkelsbühl wegzieht.*

Fanny Benjamin erklärte sich dazu bereit. Dennoch teilte das Arbeitsamt Ansbach am 9. Februar dem Bezirksamt Dinkelsbühl bezüglich der *Anordnung zur Durchführung des Vierjahresplans über Beschränkung in der Ausübung des Wandergewerbes und Stadthausiergewerbes* mit: Fanny Benjamin *hat vor längerer Zeit in der Korbwarenfabrik Scheu als Fabrikarbeiterin gearbeitet. Diese Tätigkeit musste sie angeblich aus gesundheitlichen Rücksichten aufgeben.* Das Arbeitsamt lehnte deshalb den gestellten Antrag ab, weshalb Bürgermeister Fritz Lechler den Hausierschein nicht ausstellte.

Dagegen legte Rechtanwalt Leopold Rieser in Augsburg am 24. Februar 1938 bei der Stadt Beschwerde ein und forderte den *schriftlichen Ablehnungsbeschluss mit Begründung* an. Am 3. Juni ersuchte er erneut darum. Dem kam Bürgermeister Lechler mit einem Bescheid samt Begründung am 23. Juni nach. Er machte darauf aufmerksam, dass eine Beschwerde wegen des Erlasses des Wirtschaftsministers vom 20.12.37 bei der Regierung in Ansbach *gar keine Aussicht auf Erfolg hat.* Eine Beschwerde *wäre beim Landesarbeitsamt Bayern in München einzureichen.*

Es erfolgte in Dinkelsbühl am 4. Juli Beschwerde, worauf Fanny Benjamin vorgeladen wurde. Auf Grund der geänderten Rechtslage durch das Gesetz vom 6. Juli 1938 (s.u.) zog sie am 23. Juli ihre Beschwerde zurück.

Fanny Benjamin verstarb 50-jährig am 25. August 1938 in Dinkelsbühl.

Willi (Wilhelm) Birk, geb. 1898, Inhaber der Lack- und Farbenfabrik seines Schwiegervaters Willy Weinberger, Elsassergasse 18, war im Ersten Weltkrieg 3 1/2 Jahre im Feld und zog 1923 nach Dinkelsbühl. Er war mit **Saly, geb. Weinberger**, verheiratet.

Er und sein Farbenvertreter, Paul Kemper, machten eine *notwendige Reise nach der Schweiz aus geschäftlichen Gründen,* wie die Industrie- und Handelskammer Nürnberg bestätigte. Im September 1937 wurde Dinkelsbühl von der *Devisenstelle* in Nürnberg mitgeteilt, dass W. Birk am 15. des Monats sich hier aufhalten solle, um den seinen Pass einzuziehen. Der Polizeihauptwachtmeister der Schutzmannschaft Dinkelsbühl meldete am 16. September: *Der Reisepass des Kaufmanns Willi Birk wurde heute eingezogen und wird hier vorgehalten.*

Auf Ansuchen wurde im nächsten Monat auch der Pass von seiner Frau Saly in Verwahrung genommen: *Wegen Kapitalflucht erscheint es geboten, die Familie des Nichtariers W. Birk, Dinkelsbühl, im Inlande festzuhalten. [...] Gegen die Durchführung von Geschäftsreisen des W. Birk bestehen vorläufig keine Bedenken.*

Willi Birk stellte am 18. Januar 1938 den Antrag auf *Ausstellung einer Gewerbelegitimationskarte.* Er sei im Exportgeschäft tätig, *ich habe mein Geschäft und meine Firma nicht verkauft und führe dasselbe nach wie vor weiter, wenn auch im kleineren Umfange und so groß es mir dieses ermöglicht wird.* Sein Deviseneingang seien 1277 Schweizer Franken. *Ich behaupte, dass nicht viel Firmen am hiesigen Platz in der Lage sind, Devisenbeträge in solcher Höhe der Reichsbank zuzuführen.* Er habe das *überfällige Gebäude Ladegässlein 1 nebst die darin befindlichen Maschinen und Einrichtungen und nur 4 Rezepte von den vielen aus unseren Rezeptbüchern* verkauft. Dieser Betrieb werde von ihm seit vielen Jahren nicht mehr benötigt, er fabriziere in der Elsassergasse 18.

Die Geheime Staatspolizei teilte am 26. Januar 1938 mit, *dass im Einvernehmen mit der Gauleitung Franken der NSDAP der Antragsteller infolge seiner Zugehörigkeit zur jüdischen Rasse hier als politisch unzuverlässig angesehen wird.* Am 27. Januar teilte die *Devisenstelle* in Nürnberg mit, es bestünden keine devisenrechtlichen Bedenken. Birk wurde am 12. Februar 1938 erneut eine Legitimation ausgestellt.

Gemäß dem Gesetz vom 6. Juli 1938 verloren die Gewerbekarten bereits ihre Gültigkeit. Seine Frau Saly unterschrieb am 19. Oktober die städtische Verfügung, sie zurückzugeben. In einem anonymen, handschriftlichen Hetzbericht vom 8. Juli 1938 heißt es u. a.: *Nach der Machtübernahme [1933] wäre er gelyncht worden, wenn er nicht nach der Schweiz entflohen wäre.* In einem zweiten anonymen Bericht wird er u. a. als *ein ganz gerissener, skrupelloser Jude* bezeichnet.

Nach der Reichskristallnacht 1938 verließ die restliche Familie die Stadt. Saly Birk schrieb am 10. Dezember 1938 aus Obergimpern um Zusendung der Abmeldepapiere, auch für ihre Mutter, **Emma Weinberger**. Außerdem benötige sie dringend den Auslandspass für ihren Jungen **Kurt Birk**, *da er mit einem Kindertransport fortkommt.* Die Papiere wurden von der Dinkelsbühler Verwaltung umgehend geschickt. Saly Birk wurde am 10. August 1942 von den Nazis umgebracht.

Adolf Hamburger, geb. 1876 als Sohn von Seligmann Hamburger, heiratete 1919 **Klara, geb. Adler**, ein Kind. Er wohnte im Vaterhaus Klostergasse 5 (Synagogenhaus) und war 1932 der erste Vorsitzende der gebildeten Kultusgemeinde Dinkelsbühl. Hamburger ersuchte Bürgermeister Fritz Lechler um Ausstellung eines Wandergewerbescheins für 1938. Ortsgruppenleiter der NSDAP Lechler teilte sich selbst als Bürgermeister mit, keine Einwände zu haben. Als Bürgermeister merkte er im Akt am 31. Januar an: *Wandergewerbeschein wurde ausgefertigt.* Am 9. Februar 1938 teilte das Arbeitsamt Ansbach dem Bezirksamt Dinkelsbühl bezüglich der *Anordnung zur Durchführung des Vierjahresplans über Beschränkung in der Ausübung des Wandergewerbes und Stadthausiergewerbes von 14.12.1937* mit: Hamburger habe ein Ladengeschäft mit Schnittwaren. Um den Boykott jüdischer Geschäfte und ihren Niedergang wohl wissend, wurde behauptet: *Die bisher gemachten Erfahrungen haben gezeigt, dass alle Wandergewerbescheininhaber, soweit es sich um Angehörige der jüdischen Rasse handelt, mit allen Mitteln bestrebt sind, den Nachweis zu führen, dass das ortsansässige Geschäft keinen nennenswerten Gewinn einbringe, dagegen umso mehr der Hausierhandel.*
Dem gestellten Antrag wurde nicht zugestimmt, weshalb Bürgermeister Lechler den Schein wieder eingezogen haben dürfte.
Die 16-jährige Tochter Martha Sarah Hamburger verzog am 6. September 1938, sie wurde vermutlich 1942 in Majdanek ermordet. Nach der Pogromnacht und der darauffolgenden „Reichskristallnacht" verließen auch Adolf und Klara Hamburger am 11. November die Stadt.
Für Adolf Hamburger wurde am 9. August 1939 in Dinkelsbühl ein Führungszeugnis zum Zweck der Auswanderung ausgestellt. Er starb am 16. Februar 1943 an Typhus im Camp Gurs, Frankreich, ebenso sein Bruder Moritz Hamburger. Ehefrau Klara Hamburger, zuletzt 1942 in Gurs, wurde nach Auschwitz deportiert.

Emil Hamburger, geb. 1880, verheiratet mit **Lina, geb. Reis**, wohnte Lange Gasse 28 und hatte drei Kinder. Er war Teilnehmer des Ersten Weltkriegs und besaß einen Laden und ein Hausiergeschäft mit Erzeugnissen der Leinen- und Wäschefabrikation.

Erinnerungen von August Gabler an Emil Hamburger "Er war von kleiner Statur und ein ruhiger Mensch. Man konnte ihn [vor 1930] oft an Sonntagabenden sehen, wenn er mit seiner Frau, die den Kinderwagen schob, vom Milchholen im Mögelinsschlössle zurückkehrte."

Lina Hamburger wurde von Bürgermeister Lechler am 21. Oktober 1937 eine Passverlängerung für die Schweiz genehmigt. Emil Hamburger erhielt für 1937 noch die Gewerbelegitimationskarte. Bei der Bezeichnung der Person sind als Haarfarbe *blond* und als Augenfarbe *blau* eingetragen.

Für das Jahr 1938 wollte ihm die Ortsgruppenleitung der NSDAP die Gewerbelegitimationskarte nur erteilen, wenn er im Gaugebiet nicht mehr handelte. Emil Hamburger beschwerte sich daraufhin am 18. Januar 1938 beim Bezirksamt. Aufgrund der im Juli in Kraft getretenen antijüdischen Verordnung zog er dann aber seine Beschwerde zurück.

Die 13-jährige Tochter **Helene Hamburger, verh. Vered,** besuchte seit 23. Oktober 1938 die Jüdische Schule in Marktbreit. Sie kam wenige Tage vor der „Reichskristallnacht" heim, da ihre jüdischen polnischen Wohneltern ausgewiesen wurden.

Nach den Pogromnächten verließen Emil und Lina Hamburger am 10. November 1938 die Stadt und zogen nach Frankfurt.

Die Ehefrau Lina Hamburger ersuchte am 2. Januar 1939 in Dinkelsbühl *höflichst um Ausstellung einer Unbedenklichkeitsbescheinigung für drei Auswanderungs-Pässe* der Familie. Sie wurden ihr umgehend zugeschickt.

Die beiden Schwestern **Klara Jordan**, geb. 1890, und **Doris Jordan**, geb. 1893, wohnhaft in Schreinersgasse 5 und Ledermarkt

3 und 4, arbeiteten jahrelang im Textilgeschäft Waker als Verkäuferinnen. Nach dessen Firmenauflösung gründeten sie um 1920 das Kurzwarengeschäft *Geschwister Jordan* in der Klostergasse 8. Als Doris Jordan 1923 den Textilkaufmann Felix Klau heiratete, gaben sie ihren Nähzubehör-Laden auf.

Das Textilgeschäft der Familie Jordan, Ledermarkt 3 und 4 (Stadtarchiv).

Felix Klau, geb. 1892, war verheiratet mit Doris Jordan (s.o). Das kinderlose Ehepaar nahm den etwa 8-jährigen Neffen Sanny Chapiro auf, Sohn der in USA lebenden Schwester von Felix Klau.

Klau kaufte das Caféhaus Ledermarkt 3. Er baute es um, vermehrte die Schaufenster und eröffnete das gut gehende Bekleidungsgeschäft *Geschwister Jordan* mit Schwester Klara als Teilhaberin. Die Bedienung war freundlich, auch die Landkundschaft stellte sich ein, so dass man 1929 das Nachbarhaus Nr. 4 dazukaufte und es mit dem Stammhaus verband. Er übernahm die bestehende Rest-Baudarlehenshypothek von 1 000 Mark, die er 1936 zurückzahlte.

Am 6. Februar 1931, wurde ihm ein Waffenschein für einen Browning ausgestellt, den Antrag begründete er so: *Auf Reisen, benötigt zur eigenen Sicherheit.* Im Nazi-Reich unternahm er noch 1936 mehrere Reisen nach Holland und Schweden, weshalb von der Geheimen Staatspolizei im Januar 1937 an Dinkelsbühl die Aufforderung ging: *Zur Verhinderung einer heimlichen*

Abwanderung oder Vermögensverschiebung ersuche ich, seinen Reisepass einzuziehen und erst zur endgültigen Abwanderung wieder auszuhändigen.

Die Familie entschloss sich dann zum Verkauf des Geschäfts und zur Auswanderung nach Nymwegen (Holland). *Mit Genehmigung der Devisenstelle [Landesfinanzamt Nürnberg] kaufte er und Frau Johanna Jordan ausländische Grundstücke, für die insgesamt RM 64 000 an die inländischen Verkäufer zu zahlen sind. Weitere RM 10 000 muss er an die Deutsche Golddiskontbank Berlin unentgeltlich abführen.* Am 11. August wurden Pässe von Bürgermeister Fritz Lechler für Felix Klau, seine Ehefrau Doris, deren Schwester Klara und seine Schwiegermutter Johanna Jordan, geb. Elkan.

Ein Schreiben der Geheimen Staatspolizeistelle Nürnberg-Fürth betraf die Verlängerung der Reisepässe der Kaufmannswitwe Johanna Jordan und ihrer Tochter Klara: *Felix Klau und Klara Jordan betrieben in Dinkelsbühl, Ledermarkt 3/IV unter der Firma Geschwister Jordan ein Manufakturwarengeschäft, das sie an den Kaufmann Georg Kessler verkauften. Die Familien Klau und Jordan wanderten aus wirtschaftlichen Gründen aus, da das Geschäft infolge der antisemitischen Einstellung der fränkischen Bevölkerung immer weiter zurückging.* Daraufhin verlängerte das Generalkonsulat in Amsterdam die Pässe im Mai 1938 für sechs Monate.

Felix Künzelsauer, geb. 1866, war verheiratet mit **Hannchen, geb. Schiller** und hatte elf Kinder. Er war 1912 mit Familie aus Unterdeufstetten nach Dinkelsbühl gezogen und erwarb 1919 das Bürgerrecht. Im Ersten Weltkrieg blieben drei ihrer Söhne im Feld.

Er hatte für das Jahr 1937, damals wohnhaft Ledermarkt 4, noch eine Gewerbekarte ausgestellt bekommen. Mit 71 Jahren ersuchte er Anfang Januar wieder *um Ausstellung einer Legitimationskarte für das Jahr 1938 zum Unterhandel mit Vieh.*

Die Kreisbauernschaft in Gunzenhausen und der Ortsgruppen-leiter Dinkelsbühl, Bürgermeister Lechler, wurden um Mitteilung von Einwänden gebeten. Am 19. Januar 1938 wurde dann die Karte ohne Begründung versagt.

Nach den Pogromnächten verließ Felix Künzelsauer, Elsassergasse 18, die Stadt. Sein Sohn, **Isaak Künzelsauer**, geb. 1895, wurde 1943 in das Konzentrationslager Majdanek deportiert.

Von der verzweigten **Familie Levite** war die Firma *Levite und Söhne* bestens bekannt. Ihre Gewerbemeldungen betrafen Kaufvermittlung für Heu, Strohbezugsstelle, Sammelstelle für Knochen und Lumpen, Pferdehandel und der Futtermittelgroß- und -kleinhandel (Fourage), Getreidehandel und Brennholzhandel. Die Firma war im Güterhandel tätig, bei dem auch Bauerngüter zur Güterzertrümmerung aufgekauft wurden.

***Kredite** Die drei Brüder **Adolf, David, Heinrich** Levite erhielten Juli 1930 für ihre offene Handelsgesellschaft von der Sparkasse Dinkelsbühl einen Barkredit von 15 000 Reichsmark und zudem einen Wechselkredit von 40 000 RM gegen Grundschuldbriefe im Wert von 22 000 Goldmark und 4 000 RM eingeräumt. Außerdem besaß die Firma ein Wohnhaus mit Hofraum in der Oberen Schmidgasse 22 (belastet mit ca. 5 000 Goldmark).*

***Mitteilung von Bürgermeister Lechler** Bürgermeister Fritz Lechler erteilte am 18. November 1936 dem Bürgermeister von Schwabach die Auskunft: „Nach eingezogenen Erkundigungen betrieben die zwei Brüder Heinrich und Adolf Levite gemeinsam die Landwirtschaft und den Pferdehandel, während den übrigen Handel David Levite in Gemeinschaft mit Adolf Levite betrieb. Adolf war also in allen Handelsgeschäften mitbeteiligt."*

David Levite besaß das Dampfdreschmaschinenhaus mit Remise und Gartenhaus in der Luitpoldstr. 5. Er war der allein zeichnungsberechtigte Gesellschafter.

Im Dezember 1931 versagte die Sparkasse den Konkursantrag, weil Anhaltspunkte für betrügerisches Verhalten vorlagen. Es wurde dann das Konkursverfahren im Oktober 1935 vom Amtsgericht aufgehoben, *weil der Schlussstermin abgehalten, die Schlussrechnung gestellt und die Schlussverteilung beendet ist,* wie im Wörnitz-Boten zu lesen war. Der Verlust für die Gläubiger betrug ca. 40 000 RM.

David Löw verzog 1935 nach Palästina.

Adolf Levite, geb. 1873, war verheiratet mit **Johanna, geb. Dick**, in zweiter Ehe mit **Sidonie, geb. Strauß**. Er war Geschäftsführer der Firma seines Sohns **Fritz Levite**, Lange Gasse 10.

Seine Gewerbelegitimationskarte wurde am 1. Februar 1936 eingezogen. Er erhob Einspruch und ersuchte am 3. Februar um eine Karte *zum Handel mit Landesprodukten (Futtermehl, Mehl und Kunstdünger).* Da sein Sohn Fritz im Januar/Februar nach USA auswanderte, wollte er das Geschäft auf seine Frau umschreiben lassen. Er merkte an, *dass ich Frontkämpfer war und noch ein minderjähriges Kind zu versorgen habe,* seinen Sohn Heinz Joseph. Adolf Levite beschwerte sich bei der Regierung. Bürgermeister Fritz Lechler schrieb wiederholt am 1. April an den Bezirksbauernführer Karl Kirsch in Wittelshofen, ob Bedenken gegen eine Ausstellung bestünden.

Er schrieb noch einmal am 8. April 1936: *Die Fa. Gebr. Levite ist in Dinkelsbühl bekannt als die berüchtigtsten Bauernschlächter. Dutzende von Bauern kamen von Haus und Hof und viele können sich durch die verbrecherischen Machenschaften, die ihnen durch die Juden zugefügt worden sind, kaum auf ihrem Hof halten. Durch Wechselfälschungen sowie durch Bürgschaften, die durch die Bauern für Levite übernommen wurden, hatten dieselben viel Unglück über diese Familien gebracht.*

Am 27. April 1936 schrieb die Kreisbauernschaft Ansbach, man könne den Antrag nicht befürworten, auch nicht die Umschreibung der Firma. Zwei Tage später wurde in der Ratssitzung die Ausstellung einer Gewerbekarte abgelehnt.

Zum Konkursverfahren der Firma heißt es u. a.: *Bei der Gerichts-verhandlung verstanden es dieselben, mit einer geradezu unver-ständlich geringen Strafe wegzukommen.*
Adolf Levite, seine Frau Sidonie und Sohn Heinz Joseph verzo-gen am 29. Juni 1936. Die Eheleute Adolf und Sidonie Levite wa-ren 1944 in Auschwitz, **Heinz Joseph,** geb. 1924, wurde am 23. August 1942 von den Nazis umgebracht.

Heinrich Levite, geb. 1877, war verheiratet mit **Sarah Sophie, geb. Heumann.** Sie hatten vier Kinder und wohnten Lange Gasse 10. Er betrieb Vieh- und Pferdehandel.
Am 14. Dezember 1934 fragte Bürgermeister Götz beim *Kreis-bauernführer* Karl Kirsch in Wittelshofen und beim *Reichsver-band des nationalen Viehhandels Deutschlands, Gau Bayern, Kreisverein Mittelfranken* in Nürnberg wegen der Ausstellung von Gewerbelegimitationskarten an. Unter fünf genannten Viehhändlern war auch Heinrich Levite. Man wollte wissen, ob sie die *erforderliche Zuverlässigkeit* und die *unbedingt notwen-dige Sachkenntnis* besäßen.
Man antwortete am 17. Dezember 1934, *dass die jüdischen Händler nach Aussagen unserer Obleute von Seiten der Land-wirtschaft sowie der reellen Handelsleute unerwünscht sind.* Vor Neuausstellungen der Karten wolle man sich mit dem *Reichsnährstand* (Kreisbauernschaft Ansbach) in Verbindung setzen. Heinrich Levite erhielt die Karte für 1935, Anfang Januar 1936 beantragte er sie zwei Mal, erhielt sie jedoch nicht.
Da er sich dennoch als Unterhändler betätigte und versuchte, Vieh zu kaufen, kam es am 8. Februar zur Anzeige. Bürgermeis-ter Fritz Lechler ersuchte am 2. April erneut Bezirksbauernfüh-rer Karl Kirsch in Wittelshofen, *um gutachtliche Äußerung*. Am 9. April schrieb dem Bürgermeister die Ortsbauernschaft Dinkelsbühl einen Hetzbrief: *Heinrich Levite ist ein ganz geris-sener Jude. Unter der Maske eines Biedermannes versucht er jetzt wieder festen Fuß zu fassen.* Dem schloss sich Lechler *voll und ganz an.*

Dagegen schrieb am 27. April 1936 die Kreisbauernschaft Ansbach dem Bürgermeister, dass die *bekannt gewordenen Tatsachen [im Hetzbrief] nicht ausreichen.* Man schlug vor, *weiteres Tatsachenmaterial herbeizuschaffen.* Im Mai gab die Bayerische Politische Polizei die Auskunft: *Politisch ohne Vorgänge.* Hingegen schrieb der Kreisbetriebsgemeinschaftswalter von der *Reichsbetriebsgemeinschaft Handel Gaubetriebsgemeinschaft Franken,* dass eine Erteilung *unter der Land- sowie auch unter dem größten Teil der Stadtbevölkerung Unwillen erregen würde. Die Geschäftsführung und die Methoden, welche von der früheren Firma Levite Söhne angewandt wurden, sind reichlich bekannt und es erübrigt sich, hier einzelne Fälle anzuführen. […] Wir halten auch den Heinrich Levite für unzuverlässig. Wenn auch angeführt würde, dass diesem Straftaten nicht nachgewiesen wurden, so hatte er doch Kenntnis von all diesen Taten.*

Heinrich und Ehefrau Sarah Sophie Levite verzogen am 3. Juni 1936. Sie waren 1942 im Transitghetto Izbica (Polen).

Der Sohn **Julius Levite**, geb. 10. Juli 1910 in Dinkelsbühl, war bereits 1933 an einen unbekannten Ort verzogen. Im April 1939 forderte das Konzentrationslager Buchenwald seine Geburtsurkunde an. Ein dreiviertel Jahr danach, im November, wurde von dort sein Führerschein an die Stadtverwaltung Dinkelsbühl übersandt: *Anbei wird der dort ausgestellte Führerschein des am 9. d. M. hier verstorbenen Juden Julius Levite übersandt.*

Die ledige Tochter **Meta Levite**, geb. 16. November 1911, hatte ihren Zweitwohnsitz schon vor 1934 in Straßburg.

Friedrich (Fritz) Levite, Sohn von Adolf Levite, geb. 1906 war ledig und Firmeninhaber einer Landprodukten- und Kohlenhandlung, Lange Gasse 10.

Die Zollfahndungsstelle in Nürnberg hatte im November 1935 keinen *Verdacht für eine gesetzwidrige Vermögensverbringung nach dem Ausland.* Es waren auch *keine Tatsachen bekannt, welche eine Verweigerung des Leumundszeugnisses begründen.* Am 21. Dezember 1935 wurde vom Reichsnährstand Kreisbauernschaft Ansbach der Bürgermeister ersucht, die Neuausstellung einer Gewerbelegitimationskarte u. a. für Friedrich Levite zurückzustellen.

Er verließ Dinkelsbühl im Januar 1936 und wanderte am 7. Februar 1936 nach den USA aus.

Sigmund Schloßberger, geb. 1863 in Wachbach bei Bad Mergentheim, war verheiratet mit **Bertha, geb. Strauß**. Der Kaufmann zog mit seinen fünf Kindern Oktober 1905 von Unterdeufstetten in die Segringer Str. 44. Das Haus behielt es bis zur Vertreibung nach den Pogromnächten 1938.

Das Bürgerrecht erhielt die Familie 1906. Er führte einen Gemischtwarenladen bis 1932 und handelte u. a. mit Zucht- und Nutzvieh sowie Futtermitteln.

Die Ehefrau Bertha Schloßberger verstarb 1936.

Am 17. Juni 1937 bat er *um Ausstellung eines Passes, um zu meiner Tochter nach Haifa (Palästina) besuchsweise reisen zu können.* Er legte einen Brief seiner Tochter, wohl Gisela Levi, bei. Nachdem die Gestapo München, das Finanzamt Dinkelsbühl und das Landesfinanzamt Nürnberg keine Bedenken hatten, wandte sich Bürgermeister Fritz Lechler ein zweites Mal an die Devisenstelle Nürnberg. Er brachte vor, Schloßberger wolle *vielleicht für den Juden Klau, der vor einigen Wochen sein Anwesen um den Preis von ca. 30 000 RM verkaufte, Geld ins Ausland schaffen. Aus eigenen Mitteln kann nämlich Schloßberger niemals eine derartige Reise* machen. Das Landesfinanzamt sah bezüglich einer Devisenschiebung jedoch keine Gefahr. Ob Siegmund Schloßberger reiste, ist nicht bekannt.

Im Dezember 1937 beantragte der 74-jährige um einen Wandergewerbeschein für Woll- und Baumwollwaren, Flachs und Bettfedern für das Jahr 1938. Bürgermeister Fritz Lechler teilte sich selbst als Ortsgruppenleiter der NSDAP mit: *Genannter Jude hat sich in der ungezogensten Weise gegen den Kreisleiter in Rothenburg vergangen, sodass sich derselbe provoziert fühlt und die Ortsgruppe Dinkelsbühl zum Einspruch gegen die Gewährung eines Wandergewerbescheines an den Juden Schloßberger aufforderte.* Kreisleiter war der ehemalige Dinkelsbühler Stadtsekretär Karl Steinacker.

Sigmund Schloßberger verließ nach dem Pogrom am 10. November 1938 Dinkelsbühl. Er lebte bei seinem Schwiegersohn

Heinrich Holzer und Tochter **Hedwig** in der israelitischen Gartenbauschule in Ahlem (Hannover). Im Dezember beantragte er die Zusendung seines abgelaufenen Passes nach Palästina, um eine *Kennkarte* (Personalausweis) zu erlangen.
Tochter **Palma Schloßberger**, geb. 10. März 1894, war 1942 im Transitghetto Izbica (Polen).

Josef Schloßberger, Sohn von Sigmund Schloßberger, geb. 1899, war verheiratet mit **Martha, geb. Strauß.** Sie hatten drei Vorschulkinder und wohnten Segringer Str. 44.

> *Fundbericht Josef Schloßberger fand am 21. April 1936 bei Rödenweiler im Gemeindebezirk Dorfgütingen einen goldenen Siegelring mit dem eingravierten Monogramm K. Sch., den er im Fundamt Dinkelsbühl abgab.*

Schloßberger stellte am 28. Dezember 1937 einen Antrag auf einen Wandergewerbeschein. Gegen die Ausstellung erhob Ortsgruppenleiter Fritz Lechler Einspruch: *J. Schloßberger hat im Gebiet des Kreises Rothenburg einen Sturmführer der SA und Ehrenzeichenträger in gemeinster Weise provoziert und muss ihm daher die Zuverlässigkeit für das Wandergewerbe abgesprochen werden.*
Josef und Sigmund Schloßberger legten am 3. Februar Beschwerde bei der Regierung von Oberfranken und Mittelfranken in Ansbach ein. Als Bürgermeister holte Fritz Lechler daraufhin am 22. Februar die Bedenken der Geheimen Staatspolizeistelle Nürnberg ein. In der Antwort, einem Vordruckschreiben, hieß es, *dass im Einvernehmen mit der Gauleitung Franken der NSDAP der Antragsteller infolge seiner Zugehörigkeit zur jüdischen Rasse hier als politisch unzuverlässig angesehen wird.*
Am 25. Juli zogen dann die vorgeladenen Kaufleute Schloßberger *auf Grund der durch das Gesetz vom 6.7.1938 geänderten Rechtslage* ihre Beschwerde zurück.
Nach der „Reichskristallnacht" verließ die Familie Josef Schloßberger am 11. November 1938 die Stadt.

Josef Schloßberger war 1942 in der Tötungsstätte Raasiku (Reval), ebenso die Ehefrau Martha, der Sohn **Jost Jakob**, geb. 21. Februar 1933, der Sohn **Maximilian**, geb. 18. Februar 1934, und die Tochter **Beatrix**, geb. 5. Juli 1935.

Heinrich Strauß, geb. 1893, war verheiratet mit **Erna, geb. Metzger**. Sie hatten ein Kind und wohnten Altrathausplatz 11. Erna Strauß stellte am 3. Januar 1938 für die Firma Erna Strauß, Farben – Lacke – Öle – Fettfabrikate – Malerbedarfsartikel, das Gesuch auf Ausstellung einer *Legimitationskarte für meinen Reisenden Heinrich Strauß*. Als Ortsgruppenleiter teilte sich Bürgermeister Fritz Lechler selbst mit: *Dem Juden Heinrich Strauß kann eine Legitimationskarte nur ausgestellt werden, wenn er eine Erklärung abgibt, dass er innerhalb 3 Monaten von Dinkelsbühl wegzieht und während dieser Zeit im Gaugebiet Franken nicht mehr handelt.* Strauß erklärte sich dazu bereit, ausgenommen der Handel mit *Rassegenossen* und das *Kassieren rückständiger Forderungen*. Bürgermeister Lechler stellte daraufhin den Schein am 10. Januar 1938 aus.
Die Familie verzog am 2. Mai 1938.

In der Gesellschaft

Um die Jahrhundertwende 1900 entstand ein bürgerliches Judentum. Aufgrund ihres Kulturkreises blieben die Juden jedoch meist unter sich, was von der Bevölkerung akzeptiert wurde. Es gab aber Mitglieder in Vereinen und politisch Interessierte.

Vereine und Feste
Natürlich kam zur Kinderzeche die jüdische Verwandtschaft auf Besuch, so die Familie Stern mit Ehefrau Klara Hamburger aus Bad Brückenau zu den Hamburgers in die Klostergasse 5. Die

Kinder beteiligten sich aktiv an der Kinderzeche. Manfred Ansbacher (Anson) befehligte 1932 als Kinderzech-Leutnant das Knabenbataillon.

1875-1938 Im **Sportverein TSV 1860** waren fünf weibliche und zehn männliche Juden Mitglieder. Der erste Eintritt erfolgte 1875 mit Emanuel Jordan, der letzte 1928 mit Meta Levite. Zuletzt traten die Geschwister Josef und Palma Schloßberger 1938 aus dem TSV aus.

1925 Ein anderes Beispiel ist Sigo Levite, der im Gründungsjahr 1925 dem **Schachklub** beitrat.

1927 Mitglied des **Veteranen- und Kampfvereins** und auch des **Gesangsvereins Concordia** war Willi Wolf Weinberger. Er hatte 1908 das Bürgerrecht erhalten. Im Jahr 1919 kaufte er eine alte Scheune zwischen Elsassergasse und Schrannengasse und baute sie als Lagerhalle aus, er handelte mit chemischen Produkten und Farben, Holzwaren und ab 1917 mit Antiquitäten. Als er am 23. April 1927 starb, erschienen im Wörnitz-Boten drei Todesanzeigen. Die von den Angestellten und Arbeitern der Firma lautete: *Er war uns stets ein gütiger und gerechter Prinzipal, dessen Andenken wir stets in Ehren halten werden. Er möge ruhen in Frieden.* Der Veteranen- und Kampfgenossen-Verein bat in einer Anzeige um zahlreiches Erscheinen bei der Beerdigung des langjährigen Vereinskameraden, *Aufstellung ½ 12 Uhr beim 2. Vorstand.* Auch der Gesangsverein Concordia gab das letzte Ehrengeleit.

Bericht im Wörnitz-Boten zum Tod von Willi Weinberger
Heute Mittag wird ein Mann zur letzten Ruhe begleitet, der nicht nur in unserer Stadt und Umgebung, sondern weit darüber hinaus eine bekannte Persönlichkeit war: Herr Kaufmann Willi Weinberger. Vor mehr als 30 Jahren von Unterdeufstetten hier zugezogen, brachte er sein Geschäft aus kleinen Anfängen zu ansehnlicher Größe und Blüte. Vor einigen Jahren überfiel ihn ein tückisches Leiden; auch eine

Operation brachte nur vorübergehenden Erfolg. In der letzten Zeit verschlimmerte sich sein Zustand, doch konnte man ihn trotz seines Leidens noch bis in die letzten Tage, wenn auch langsamen so doch aufrechten Schrittes seine gewohnten Gänge machen sehen, bis er Samstagabend plötzlich und unerwartet verschied. Er möge sanft ruhen in kühler Erde.

Dass der Kriegerverein mit Vereinsfahne an der Überführung nach Schopfloch teilnahm, wurde im *Stürmer*, dem antisemitischen Hetzblatt Julius Streichers, mit einem Schmähartikel gerügt.

Sidonie Levite, Ehefrau Adolf Levites, mit Sohn Heinz Joseph in historischen Kostümen bei der Tausendjahrfeier 1928 (Stadtarchiv).

1928 Auch an der **Tausendjahrfeier 1928**, ein von den Bürgern begeistert begangenes, farbenprächtiges Geschichtsspektakel, beteiligten sich Juden. Mindestens sechs jüdische Bürgerinnen und Kinder kostümierten sich.

> ***Erinnerungen von Anni Schönwetter*** *Wie Stadtarchivmitarbeiterin Isgart Erhard mitteilte, kam bei den Vorbereitungen zur Feier der Händler Adolf Levite zur Damenschneiderin Anni Schönwetter, die erste Adresse am Ort, und sagte sinngemäß zu ihr: „Nanndl, wenn de machst fir meine Alte es schejnste Gewande, dann kannst de wollen so viel Gelde dafir, wie de magst, sie soll bloß die Schejnste sein!"*

Öffentliche Ämter

Bei der Gemeindeverwaltung und an öffentlichen Ämtern hatten die jüdischen Bürger so gut wie keinen Anteil.

1886, 1894 Seligmann Hamburger, Klostergasse 5, war laut Adressbuch der Jahre 1886 und 1894 Vorsteher des VIII. Stadtdistrikts, er umfasste das Gebiet zwischen Klostergasse, Lange Gasse, Manggasse und Nördlinger Straße. Nach der Bayerischen Verfassung wurden alle drei Jahre Distriktsvorsteher als Bindeglied zwischen Magistrat und Bürgerschaft berufen. Eine Art Vertrauensmann – ein Amt mit wenig Bedeutung. Der Vorsteher hatte Vorschlagsrecht und sollte für Ruhe in seinem Distrikt sorgen. Am Haus war eine Tafel mit dem Stadtwappen angebracht: Vorsteher des VIII. Stadtdistrikts.

1899 In der Schöffen- und Geschworenenliste des Amtsgerichts sind vier Dinkelsbühler Juden für 1899 genannt, was einen guten Leumund voraussetzte: Emanuel Jordan, geb. 1877 in Wittelshofen; Veis Levite, geb. 1846 in Mönchsroth; Emanuel Waker, geb. 1862 in Schopfloch und dessen Vater Isaak Waker

Welche Parteien die Juden wählten

vor 1914 Schon vor dem Ersten Weltkrieg hatten die jüngeren Juden **SPD** gewählt, die den Judenhass nachdrücklich ablehnte. Die bürgerlichen Juden hingen dieser Partei nach dem Ende des

Königreichs Bayern durch die Novemberrevolution 1918 ebenfalls an.

1919-1933 Im Gegensatz zu den Konservativen, lehnten die liberalen Parteien schon im 19. Jahrhundert die antijüdische Hetze ab. Politisch sympathisierten die jüdischen Bürger Dinkelsbühls deshalb mit der **Deutschen Demokratischen Volkspartei** und in der Weimarer Republik mit der Deutschen Demokratischen Partei. Dies wussten und respektierten die Dinkelsbühler Mitbürger, wie sich Heimathistoriker August Gabler erinnert.

Die Bedeutung der „Judenpartei" sank allerdings von 18,5 % im Jahr 1919 auf 0,9 % im März 1933.

Bei den Dinkelsbühler politischen Ereignissen traten sie wenig in Erscheinung. Einige waren bei Parteiveranstaltungen in den 1920er- und 1939er-Jahren anzutreffen.

Am Vorabend des III. Reichs

Der Antisemitismus fasst Fuß

Bis zum Ende des Ersten Weltkriegs war das Verhältnis zwischen christlichen und jüdischen Bürgerinnen und Bürgern in Dinkelsbühl weitgehend ungestört. Man kannte keinen offenen Antisemitismus, außer den nachgerufenen Spottversen unter Kindern. So war der *Jordans Julius', lang und schmal, etwas unbeholfen und schüchtern und daher das Ziel der Spottrufe von den Buben,* wie sich Heimathistoriker August Gabler erinnert.

Doch in den politischen Gruppierungen nahm die Verrohung zu, in der *Dolchstoßlegende* wurde der verlorene Erste Weltkrieg auch den Juden zugerechnet.

Die nach den Umsturzversuchen der Arbeiter-, Soldaten- und Bauernräte gebildete Weimarer Republik konnte sich der Angriffe auf den Rechtsstaat nicht erwehren.

1927-1933 Seit der Ortsgruppengründung der NSDAP in Dinkelsbühl 1927 wurde die Abneigung gegen Juden geschürt. Das
Hetzblatt der *Der Stürmer* wurde an den Samstagen an der
Haustüre zum Verkauf angeboten. Darin wurden auch Vorfälle
aus den Nachbardörfern verzerrt dargestellt.

Nach der Machtübernahme des Nazi-Regimes 1933 verhielten
sich immer mehr Bürger den jüdischen Dinkelsbühlern gegenüber unanständig. Die Propagandahetze der Nationalsozialisten säte Niedertracht, setzte auf kleinbürgerliche Konkurrenz-
angst und nutzte Geschäftsneid und Unbildung. Der Hass der
ländlichen Bevölkerung wuchs vor allem durch den jüdischen
Aufkauf und die Zerschlagung bankrotter Bauerngüter. Eine Re-
aktion auf die Notlage der Bauern war die Gründung des Raiff-
eisenvereins am Hesselberg.

Dinkelsbühler Parteienlandschaft

vor 1914 Schon vor dem Ersten Weltkrieg hatten die jüngeren
Juden **SPD** gewählt, die den Judenhass nachdrücklich ablehnte.
Die bürgerlichen Juden hingen dieser Partei nach dem Ende des
Königreichs Bayern durch die Novemberrevolution 1918 eben-
falls an.

1919-1933 Im Gegensatz zu den Konservativen, lehnten die liberalen Parteien schon im 19. Jahrhundert die antijüdische Hetze
ab. Politisch sympathisierten die jüdischen Bürger Dinkelsbühls
deshalb mit der Deutschen Demokratischen Volkspartei und in
der Weimarer Republik mit der Deutschen Demokratischen
Partei. Dies wusste und respektierte der Dinkelsbühler Mitbürger, wie sich Heimathistoriker August Gabler erinnert.

Die Bedeutung der „Judenpartei" sank allerdings von 18,5 % im
Jahr 1919 auf 0,9 % im März 1933.

Bei den Dinkelsbühler politischen Ereignissen traten Juden wenig in Erscheinung. Einige waren bei Parteiveranstaltungen in
den 1920er- und 1939er-Jahren anzutreffen.

Die Sozialdemokraten (USPD, SPD), die Kommunistische Partei
(KPD) standen auch in Dinkelsbühl den konservativen Parteien
und der Nationalsozialistischen Deutschen Arbeiterpartei

(NSDAP) unversöhnlich gegenüber. In einem Brief an Bürgermeister Götz wurde 1931 der Jude Ludwig Ansbacher als Kommunist aufgelistet.

Die konservative Einstellung der Dinkelsbühler zeigte sich in den frühen Gründungen der Ortsgruppen.

1924 Die *Völkischen*, deren Kennzeichen Windjacke und Knotenstock waren, versuchten 1924 vergeblich in den Stadtrat zu kommen. Bei ihnen verbanden sich schwärmerische Vaterlandsliebe, imperialistischer Nationalismus und Rassenideologie zu einer *völkischen Stimmung*, die in vielen Gruppierungen gepflegt wurde.

1924 Zugleich gründete sich der antisemitische *Völkische Block*, unterstützt vom späteren Frankengauführer Julius Streicher. Dessen Anhänger wurden 1925 von der NSDAP nach deren Verbotsaufhebung aufgesogen.

1924 Als Gegenpol gründete sich 1924 die republikanische, der SPD nahe stehende Ortsgruppe *Reichsbanner Schwarz-Rot-Gold*, das sich gegen die Nationalsozialisten aufstellte.

1925 Als stärkste hiesige Partei gründete die *Deutschnationale Volkspartei (DNVP)* ihre Ortsgruppe 1925.

1927 Zuletzt bildete sich 1927 die Ortsgruppe der NSDAP.

Nationalsozialisten planen einen Putsch

1925 Der Putschplan zeigt die radikale Einstellung der Völkischen. Im Wörnitz-Boten veröffentlichte Stadtrat Karl Ries 1930 einen 1925 geplanten Putsch einiger Anhänger der Nationalsozialisten.

Es sollten im Rathaus auf der Polizeiwache die Schutzleute und Nachtwächter entwaffnet und festgenommen werden, „ebenso per sofort der Bürgermeister". Auch sollten u. a. „Geiseln verhaftet" und „die älteren Herren auf das Rathaus beordert" werden. Die Presse wollte man unter Zensur stellen, „Patrouillen" sollten die Stadt durchstreifen, „Wachen" auf der Post und der Bahn stehen. Versammlungsverbot: Es „wird sofort Feuer eröffnet, wenn mehr als 3 Personen beisammen stehen", Ausgehverbot bestand ab

*22.00 Uhr. „Das Reichsbanner wird aufgelöst und das Ei-
gentum desselben sofort beschlagnahmt, ebenso alle Links-
verbände." Alle Waffen sollten den Besitzern abgenommen
werden.*

*„In Schutzhaft werden folgende Personen genommen: Köl-
bel Johann, Levite Adolf, Levite David, Dr. Ludwig Vaillant,
Reiß, Gerichtssekretär, Biswanger, städt. Arbeiter, Ries,
Gastwirt, Feeser, Obersekretär, Filberich, OA-Richter Hö-
henberger, Walz und Sohn, Ansbacher, Schloßberger jr."
Bei der Aktion sollten vier Juden in Schutzhaft kommen:
Adolf und David Levite, Ansbacher und Schloßberger jun.*

Die Ortsgruppe der NSDAP
Georg und Otto Straßer
Besuche Hitlers

1927 Zwei Jahre nach der Neugründung der Nationalsozialistischen Arbeiterpartei NSDAP 1925 durch Adolf Hitler in München, bei der man das Parteiprogramm von 1920 und Hitlers
Ziel *Ausschaltung der Juden* bestätigte, entstand die Dinkelsbühler Ortsgruppe.

Auf Einladung der Brüder Straßer besuchte Adolf Hitler am 23.
und 24. August 1927 nach einem Nürnberger Parteitag die Familie, wohl zum Mittagessen und Kaffeetrinken.

Einige Tage danach, am 28. August, gründete Gregor Straßer im
Gasthaus Zum Engel in der Nördlinger Straße die NSDAP-Ortsgruppe Dinkelsbühl, bestehend ab dem 1. September. In seiner
Rede wandte er sich gegen *Radauantisemitismus* und trat für
*die Befreiung von sozialen Nöten, die Aufrichtung einer wahren
nationalen Front* ein, wie im Wörnitz-Boten zu lesen war.

Die Eltern der Brüder Straßer wohnten seit 1925 Deutschhof-
berg 2. Die Söhne, Gregor Straßer (1892-1934) und sein Bruder
Dr. Otto Straßer (1897-1974), besuchten sie öfter. Gregor war
1922 zu Hitler gestoßen, Otto der NSDAP 1925 beigetreten. Sie
trugen in der Weimarer Republik als prominente Personen zum
Aufstieg der NSDAP bei.

Adolf Hitler 1927 vor dem Wörnitztor. Links seine Halbschwester Angela Raubal, rechts neben ihr Dr. Otto Straßer, rechts hinter Hitler steht Gregor Straßer, vor ihm Bruder Anton Straßer. (Foto aus: Egner, Heinrich, 2005.)

NSDAP-Parteiführer Adolf Hitler bei seinem zweiten Dinkelsbühler Besuch 1930 vor der Goldenen Kanne, Segringer Straße 8 (Stadtarchiv).

Gregor Straßer hatte 1923 am Hitlerputsch in München teilgenommen, war Bayerischer Landtagsabgeordneter ab 1924 und Reichstagsabgeordneter in Berlin bis 1933. Er stieg als Reichsorganisationsleiter zum mächtigsten Parteimann nach Hitler auf und wurde im „Röhmputsch" 1934 ermordet.

Sein Bruder Otto musste 1933 ins Exil gehen, versuchte in Prag den Widerstand gegen Hitler zu organisieren und entkam 1938 nach Kanada.

1927 In der 1927 gegründeten Ortsgruppe der NSDAP war Stadtrat Johann Schnell 1. Vorsitzender und Ortsgruppenleiter, 2. Vorsitzender der *Schuldiener* Fritz Lechler. Er wurde 1932 Ortsgruppenleiter und ab 1935 zugleich Dinkelsbühler Bürgermeister in Vertretung und ab 1937 Bürgermeister.

1928, 1929 Im März 1928 wurde ein Aushängekasten am Eck des Hauses Ledermarkt 5 angebracht. Die Aufschrift *Nat. soz. Deutsche Arbeiterpartei* war von zwei Hakenkreuzen gerahmt. Darin wurde u. a. auch der *Völkische Beobachter* ausgehängt. Der Kasten wurde im August 1929 von politischen Gegnern abmontiert und in der Obstanlage am Bleichweg weggeworfen.

Im Dezember 1929 wurde ein weiterer Schaukasten in der Segringer Straße 26 angebracht.

Beim Hitlerbesuch 1930 spielte vor dem Hotel Goldene Rose, Marktplatz 4, die Knabenkapelle auf (Stadtarchiv).

vor 1933 Schon vor der Machtübernahme der NSDAP 1933 hatte die Partei in der Wirtschaft Zum roten Hahn, Lange Gasse 16, ihr Stammlokal gefunden. Es galt als *Hauptquartier* der Nazis, obwohl der Wirt kein überzeugter Nationalsozialist war.

1935 Die Geschäftsräume der Ortsgruppe befanden sich zunächst im Haus Ledermarkt 5, später im Laden Dr.-Martin-Luther-Straße 13, gegenüber vom Portal der evangelischen Spitalkirche. Nachdem der Ortsgruppenleiter Fritz Lechler im November 1935 stellvertretend das Amt des Bürgermeisters übernommen hatte, verlegte er die Geschäftsstelle in das Rathaus, im Eingangsflur der erste Raum links.

Organisation und Mitgliederzahl der Ortsgruppe
Dinkelsbühl *Eine im Februar 1934 von Bürgermeister Rudolf Götz erstellte Liste gibt Aufschluss über die straffe Organisation der Ortsgruppe. Sie bestand aus Ortsgruppenleiter, Propagandaleiter, Kassier und Organisationsführer sowie 5 Zellenleitern, denen je 3-5 Blockleiter unterstanden. Die Zahl der Mitglieder betrug damals 191, 8 % der Männer des Stadtbezirks. Davon waren 8 Mitglieder im Gründungsjahr 1927 eingetreten, 1 Mitglied 1928, 10 Mitglieder 1929, 7 Mitglieder 1930, 22 Mitglieder 1931, 37 Mitglieder 1932, 106 Mitglieder nach dem 30. Januar 1933.*

Polizeiberichte von Partei-Veranstaltungen

Wie sehr das Klima auf politischen Versammlungen bereits Mitte der 1920er-Jahre aufgeheizt war, auch unter den national eingestellten Gruppierungen, und dass andererseits gemäßigt rechtsstehende Bürger den Extremisten, wie dem späteren NSDAP-Gauleiter Julius Streicher, zunächst entgegentraten, belegt der Polizeibericht über einen Vortragsabend im Schrannensaal. Der Vorgang wirft ein Schlaglicht auf die politisch Interessierten der Kleinstadt. Auch jüdische Bürger, namentlich genannt werden die Brüder Levite, waren im Schrannensaal anwesend und vertraten ihre politische Meinung.

1924 Dem Polizeibericht über eine Diskussionsveranstaltung, bei der Julius Streicher für Unruhe sorgte, fügte Bürgermeister Rudolf Götz handschriftlich hinzu:

I. Nach Angaben des Herrn Schuldirektor Sponsel sollen am Samstag, 26.4.24 im Schrannensaal bei dem tumultuarischen Vorgang, der den Diskussionsredner Streicher am Sprechen hinderte, Juden (insbes. Hermann Levite) hin u. hergelaufen sein u. die Leute aufgehetzt haben. Unter den Schreiern sollen sich Pinselmacher Bach u. Korbmacher Müller ganz besonders hervorgetan haben. Auch soll eine Ankündung gefallen sein, die einer Drohung mit der Wiederholung der Vorgänge in der Neujahrsnacht 1920 gleich käme.

II. Der Schutzmannschaft zur genauen Erhebung, insbes. auch bezüglich der Hauptkrakeeler u. der angeblichen Hetzereien der Juden. Insbesondere ist auch zu erhellen, ob die betr. Juden selbst offen mit Zwischenrufen aufgetreten sind oder sich auf das Schreien der Volksleidenschaften verlegt haben.

Der angeforderte Bericht des Wachtmeisters lautete:

In der Versammlung des Freiwirtschaftsbundes vom 26.4.1924 hielt Dr. Uhlemeyer von Nürnberg einen Vortrag über die Bedeutung des Freigeldes. Gleich am Anfang der Versammlung kam es zwischen Uhlemeyer und Dr. Schmidt von Nürnberg zu persönlichen Auseinandersetzungen. Im Übrigen verlief der Vortrag ohne jede Störung. Während des Vortrages erschien der Führer des hies. Völkische Blocks John-Gorsleben mit seinem Anhang, darunter auch einige fremde Herren im Saal. Kaum hatten diese den Saal betreten, geriet der Redner in sichtliche Erregung und es kam einige Male vor, dass er in seinen Ausführungen so hintereinander kam, dass sich nicht nur die Zuhörer, sondern auch er selbst sich nicht gleich wieder zurecht fand. Schon ehe U. mit seinen Ausführungen zu Ende war, meldete sich einer der fremden Herrn schriftlich zum Wort. Nach dem Vortrag des U. trat eine kürzere Pause ein. Nach Beendigung der Pause begab sich der Fremde, der sich als Lehrer Streicher von Nürnberg vorstellte, in Sturmschritt auf die Bühne. Er entledigte sich ziemlich schnell seiner Windjacke, begab sich an den Tisch, an dem sich der Versammlungsleiter Geuppert jun. von hier und Dr. U. befanden, nahm von dem dort befindlichen Glas Wasser einen kräftigen Schluck und begab sich dann an das Rednerpult. Während nun Streicher mit U. wegen Vorfällen, die in einer Nürnberger Versammlung vorfielen, gründlich abrechnete und es auch an persönlichen Angriffen dem U. gegenüber nicht fehlen ließ, wurde es schon ziemlich unruhig. Als er dann die Ausführungen des Redners als Unsinn bezeichnete und denselben auch persönliche Feigheit vorwarf, und das Reich Israel an all dem, was wir durchzumachen haben beschuldigte, setzte ein ohrenbetäubender Lärm ein. Von beiden Seiten der Völkischen kam es zu Bravo- und Heilrufen. Hinten im Saal fielen gegenteilige Äußerungen. Der Versammlungsleiter Geuppert ging nun auf Streicher zu und wollte diesem, nach meiner Ansicht, das Wort entziehen. Streicher kümmerte sich aber nicht um Geuppert, sondern schob diesen ziemlich unsanft hinter die Kulissen und ließ dann abstimmen, wer für oder gegen ihn ist, damit er seine Ausführungen zu Ende führen kann. Der Tumult ließ nicht nach und Str. war genötigt, die Bühne zu verlassen. Nach Str. ergriff Dr. Schmidt das Wort. Während dessen Ausführungen war es im Allgemeinen ruhig, doch fehlte es auch hier nicht an Zwischenrufen. Nach Dr. Schmidt begab sich Gorsleben auf die Bühne. Kaum hatte dieser den ersten Satz beendet, setzte ein kolossaler Lärm ein, sodass G. nicht mehr weitersprechen konnte. Hierauf begab sich Str. im Zuschauerraum auf einen Stuhl und rief: Herr John, Sie sind viel zu edel, als dass sie vor einem solchen Gschwerl auf der Bühne stehen, gehen Sie herunter. Er fügte noch die Worte bei: Deutschland, Deutschland über alles, über alles in der Welt. Hierauf wurde von einem großen Teil der Zuhörer die erste Strophe des Deutschlandliedes gesungen. Nach Beendigung des Liedes forderte Dr. Schmidt alle deutsch Gesinnten zum Verlassen des Saales auf, worauf sich ungefähr die Hälfte der Versammlungsteilnehmer unter Heilrufen entfernte. Ohne Zweifel trägt Str. durch sein unsachliches Vorgehen die Hauptschuld an dem Tumult. Richtig ist, dass auch ein Teil der Zuhörer dazu beigetragen haben, dass Str. und Gorsleben mit ihren Ausführungen nicht zu Ende kamen. Ganz besonders taten sich an den Zwischenrufen und Lärmen Pinselmacher Friedrich Bach, Kechelen Ferdinand, Fleischmann Willy, Dornauer August, Hofmann, Korbmacher hervor. Ferner war auch David Levite (nicht Hermann Levite) u. Heinrich Levite beständig unter dem Knäuel, die den Lärm verursachten und ging beständig von einem zum andern. Ob sich diese an Zurufen und Lärm aktiv beteiligten, konnte nicht festgestellt werden. Bei dem ersten Tumult, als Str. sprach und von Kechelen und Fleischmann dazwischen geschrieen wurde, rief ein Begleiter des Str., wenn's nicht ruhig seid's, kommen wir. Hierauf nahm nicht nur ein Teil der Radaumacher, sondern auch der Brauereibesitzer Höhenberger gegen diesen Stellung, und es wäre hier ohne Zweifel zu ernstlichen Zwischenfällen gekommen, wenn nicht Wachtmeister Bieringer energisch dazwischen getreten wäre. Bei dieser Gelegenheit rief auch einer, dessen Namen nicht festgestellt werden konnte: „Wollt ihr wieder drunten liegen auf dem Straßenpflaster, wie an jener Silvesternacht?" Bemerkt wird, dass nach Ansicht des größten Teiles der Versammlungsbesucher, Streicher an den Vorkommnissen die Hauptschuld trägt. Ein großer Teil ordnungsliebender, echtdeutsch Gesinnter waren mit dem herausfordernden Vorgehen des Str. nicht einverstanden.

1927 Die öffentliche Hetze gegen Juden bei politischen Veranstaltungen ist auch den Vorgängen der öffentlichen Volksversammlung in der Schranne am 20. März 1927 feststellbar. Um 15 Uhr redete Julius Streicher, der Schriftleiter des nationalsozialistischen Kampfblattes *Der Stürmer,* zum Thema *Der Jude und seine Geheimgesetze*. Bürgermeister Rudolf Götz war anwesend.
Polizeiobersekretär Schmidt berichtete am nächsten Tag:
Die Versammlung wurde um 3 ¼ Uhr von dem Stadtratsassistenten Mertelmeier, hier, eröffnet. Zur Versammlung hatten sich neben zahlreichen Sozialdemokraten auch 3 – 4 Juden eingefunden. Der Redner Holz [Karl Holz, später stellvertretender Gauleiter Frankens] sprach 2 Stunden und brachte u. a. auch die Sprache auf die Vorkommnisse des Juden Schloss von Nürnberg. Bei dieser Aussprache machte der Jude Josef Schlossberger jun., von hier, den Zuruf: „Schloss war ein psychiatrisch kranker Mann." Auch von Seite des Händlers Emil Schellmann ertönten wiederholt Zwischenrufe, weshalb Schellmann schon erstmals von dem Stadtrat Schnell, hier, aufgefordert wurde, den Saal zu verlassen. Auf den Zwischenruf des Schlossberger bzw. Schellmann rief der Redner Holz von der Tribüne: „Halts Maul, Lausbub." Es konnte durch diesen Ausspruch sowohl Schlossberger wie Schellmann gemeint sein. Da die Sozialdemokraten in der Meinung waren, es wäre Schellmann gemeint, entstand unter ihnen eine Erregung und ein Sozialdemokrat rief: „Das ist kein Lausbub, das ist ein verheirateter Mann." (Schellmann ist verheiratet, Schlossberger ledig.) Der Redner konnte nach kurzer Zeit wieder weitersprechen, da die Ruhe wieder hergestellt war.

Holz nannte im Laufe seiner Rede die Juden wiederholt Krumm-
nasige, Krummbeinige sowie Plattfußindianer. Auch sagte er,
aus jedem geschändeten deutschen Mädchen schaue eine Ju-
densau heraus, und so krumm wie dem Juden seine Nase, sei
auch sei ganzer Charakter.
Nach Schluss der Rede des etc. Holz meldeten sich als Diskussi-
onsredner: 1. Kaufmann Josef Schlossberger jun. (Jude). 2.
Händler Emil Schellmann (Sozialdemokrat). 3. Gärtnergehilfe
Werner Überreiter (Freiwirtschaftler). Holz erklärte hierauf, Ju-
den werden von seiner Partei aus Reinlichkeitsgründen zur Dis-
kussion nicht zugelassen u. untersagte dem Schlossberger das
Reden. Hierauf trat Schellmann auf die Bühne und führte aus:
Vor 4 Jahren war schon so einer von der gleichen Partei hier,
welcher den Konfessionsstreit predigte (Pfarrer Gebhardt mei-
nend) und heute kommt auch wieder so ein gemeiner Kerl da
(wobei er auf Holz deutete). Weiter kam Schellmann nicht, denn
Holz stand auf und versetzte Schellmann eine kräftige Ohrfeige.
(Große Erregung bei den Sozialdemokraten.) Der Saalschutz
griff hierauf sofort ein und entfernte Schellmann von der Bühne.
Ob Schellmann bei dieser Gelegenheit noch einige Hiebe abbe-
kam, war durch den entstandenen Knäuel nicht festzustellen.
Herr rechtsk. [rechtskundiger] 1. Bürgermeister Götz erklärte
hierauf, wenn die Ruhe nicht sofort hergestellt werde, müsse er
die Versammlung schließen.
Der Diskussionsredner Überreiter, welcher sich auf die Rassen-
fragen einließ, konnte nach kurzer Zeit (nach Ablauf der für die
Diskussion festgesetzten Zeit von 10 Minuten) nicht mehr zu
Wort kommen, da ihn das anwesende Publikum nicht mehr wei-
ter reden ließ. Zum Schluss erklärte Holz, dass er sich als deut-
scher Mann nicht beleidigen lasse und jeden Angriff auf seine
Ehre persönlich erledige.
Der Gendarmerie-Kommissär Blau erstellte einen Bericht für
Bürgermeister Götz. Hiervon ein Auszug:
Die Ausführungen des Redners richteten sich fast ausschließlich
gegen die Juden, die er als Schädlinge des Volkes bezeichnete.
Nach dem „Talmud" sei es den Juden erlaubt, die Nichtjuden zu

betrügen und nichtjüdische Mädchen zu schänden. Bei Anführung des Falles Schloss von Nürnberg wegen Schändung von Christenmädchen kam es zu einem Zwischenruf, worauf Holz den Rufer, einen gewissen Schellmann von Dinkelsbühl, einen „Lausbuben" nannte, was unter einem Teil der Versammlung Unruhe hervorrief, die jedoch bald wieder beigelegt war.

Der Redner führte dann auch noch die Fälle Kommerzienrat Guggenheimer u. A. R. Mayer, Nürnberg, ebenfalls die Schändung von Christenmädchen betr. an.

Zum Schlusse meldete sich auch als Diskussionsredner der Jude Schlossberger von Dinkelsbühl. Demselben wurde aber von Holz bedeutet, dass Juden prinzipiell nicht als Diskussionsredner zugelassen würden, worauf sich dieser an die Versammlung wandte, aber auch von dieser abgelehnt und beinahe hinausgeworfen wurde.

Ein zweiter Diskussionsredner, der Hausierer Schellmann von Dinkelsbühl, den Holz vorher als „Lausbuben" bezeichnet hatte, wurde zugelassen. Als dieser aber in seinen Ausführungen den etc. Holz einen „gemeinen Mann" nannte, versetzte ihm dieser auf der Stelle einige Ohrfeigen, sodann wurde er über die Bühne herabgeworfen. Schellmann bekam dann einen epileptischen Anfall. Auch dadurch entstand in der Versammlung wieder größere Unruhe, sodann sich der anwes. rechtsk. [rechtskundige] Bürgermeister Götz von Dinkelsbühl veranlasst sah, auf die Bühne zu gehen und die Versammlung zur Ruhe und Ordnung aufzufordern. Durch die Unbesonnenheit des Holz hätte leicht eine größere Schlägerei entstehen können. Bei derartigen nationalsoz. Versammlungen erscheint daher immer eine entsprechende Überwachung geboten.

Erster Bürgermeister Götz bewertete den Vorfall so:

Bei den Zwischenrufen handelte es sich nach meinen Wahrnehmungen um planmäßige Störungsversuche. Als Schlossberger gegen Ende der Versammlung wegging, bemerkte ich auch, dass er zu einigen Nichtjuden sagte, dass sie mitgehen sollten, was diese auch taten. Er hatte also anscheinend eine Anzahl von Personen zu seiner Unterstützung oder zu seinem Schutze mitgenommen. Ich hatte den Eindruck, dass Holz mit dem Ausdruck

„Lausbub" den Schlossberger meinte. Allerdings entnahm ich einem Zwischenruf („das ist ein verheirateter Mann"), dass der Zwischenrufer ebenfalls den Schellmann als betroffen erachtete. – Der Vorfall spielte sich so rasch ab, dass er auch bei stärkerer Überwachung nicht hätte verhindert werden können. Sofort nach dem Vorfall drohte ich laut die Schließung der Versammlung an, falls sich derartige Vorkommnisse (Handgreiflichkeiten) wiederholen sollten.

Hakenkreuzfahnen-Streit
Strafantrag David Levite

1928, 1929 Unerlaubt zogen die Nationalsozialisten bei einer Parteitagung 1928 Hakenkreuzfahnen an der Schranne auf. Ein jüdischer Stadtbesucher reiste daraufhin sofort ab.

Der *Centralverein Deutscher Staatsbürger Jüdischen Glaubens,* Landesverband Bayern, wandte sich an den *Verkehrsverband München und Südbayern.* Dieser wiederum fragte in Dinkelsbühl diesbezüglich an.

Bürgermeister Götz antwortete Januar 1929, dass die Fahnen ohne Befragung des Stadtrats aufgezogen worden seien. Nicht wahrheitsgemäß erklärte er, Schrannenmieter seien befugt, *während ihrer Veranstaltung mit ihren Farben zu beflaggen. Ausgeschlossen sind lediglich die Umsturzfarben Rot und Sowjetstern.*

Auch der Verkehrs- und Presseausschuss der Stadt Dinkelsbühl, der einen Rückgang jüdischer Touristen befürchtete, schaltete sich ein. Stadtrat und Lehrer Josef Greiner, ein anerkannter und verdienstvoller Stadtpatriot, hatte den Beschwerdebrief des *Centralvereins* sowie eine Mitteilung von *Herrn Levite* an *Herrn Ansbacher* erhalten, beide Dinkelsbühler Juden

Greiner bezog sich auf einen Stadtratsbeschluss von 1925 und teilte dem *Centralverein* im Februar mit:

Wenn nun damals die Hakenkreuz-Fahne benützt wurde, so war dies der Vorschrift entgegen und sicherlich ein Fehler der Polizei, dass die Fahne nicht entfernt wurde. Man sieht in der Kleinstadt im Interesse des Friedens manchmal über solche Dinge hinweg.

Aus dem Beschluss des Stadtrats ersehen Sie, dass derselbe sicherlich den guten Willen hat, jede Provokation Andersdenkender zu vermeiden. Sie dürfen also dem Stadtrat keine Schuld geben, und die schöne alte Stadt selbst kann nichts dafür, dass jene Provokation geschah. Ich und die meisten Mitglieder unseres Verkehrs-Ausschusses stehen auf dem überparteilichen Standpunkt. Uns sind derartige Vorkommnisse sehr leid, aber es lässt sich manches in der heutigen Zeit nicht ändern. Unsere Mitbürger jüdischen Glaubens werden von uns mit allen anderen Bürgern des Reichs auf die gleiche Linie gestellt. Wir bitten deshalb, die Angelegenheit nicht als Terror oder Provokation aufzufassen und werden uns herzlich freuen, wenn Sie auch in Zukunft unsere Stadt mit Ihrem Besuche beehren.

Die Aufweichung des Stadtratbeschlusses von 1925, die Bürgermeister Rudolf Götz in seiner Antwort an den *Verkehrsverband München und Südbayern* eigenmächtig vorgenommen hatte, wurde nachträglich vom Stadtrat bestätigt. In einer Geheimsitzung am 18. März 1929 wurde laut Sitzungsprotokoll einstimmig beschlossen, *dass der Beschluss des Stadtrats vom 18. Mai 1925 dahin aufzufassen ist, dass jede Vereinigung bei Ermietung des Schrannensaals befugt ist, für die Dauer der Benützung in ihren Farben zu beflaggen. Ausgeschlossen sind nur die Umsturzfarben rot und Sowjetstern.*

Damit konnte von nun an die nationalsozialistische Parteifahne mit dem Hakenkreuzemblem rechtmäßig an der Schranne am Weinmarkt aufgehängt werden. Dies wollten jedoch parteipolitische Gegner verhindern. In einer geheimen Sitzung des Stadtrats im September 1929 waren vier Räte der Meinung, dass man *zugunsten des Fremdenverkehrs auf das Heraushängen der Hakenkreuzfahne verzichten* sollte. Der Stadtrat und Fraktionsvorsitzende der SPD, Karl Ries, beabsichtigte, einen entsprechenden Antrag einzubringen.

Dagegen verfasste der nationalsozialistische Stadtrat Johann Schnell eine Stellungnahme, die er Bürgermeister Götz zuschickte, weil er demnächst beurlaubt und *der alleinige Vertreter unserer Bewegung im Stadtrat* sei. Er bat, seine Ansichten in der Sitzung vor der Beschlussfassung bekannt zu geben. Schnell wollte festgestellt wissen, *dass wir nicht eine politische Partei im allgemein verständlichen Sinne sind, sondern eine Bewegung, die Klassenunterschiede nicht kennt und alle Volksgenossen in sich sammelt, die deutsch denken u. deutsch fühlen. Es kann sich demnach nicht um eine politische Fahne handeln, sondern um das Symbol einer Bewegung. Das Hakenkreuz ist arisch, es ist deutsch. […] Die Behauptung, dass der Fremdenverkehr darunter leidet, wenn wir unsere Fahne zeigen, halten wir für unrichtig […]. Das sind Schreckschüsse, die nur der materiell eingestellten Geschäftswelt zuliebe abgegeben werden. Wenn solche Besucher fern bleiben, hat die Stadt einen Schaden dadurch nicht […]. Wer Kunstsinn hat und Kunst sucht, stößt sich nicht an einer Fahne. Die wenigen Stunden, die benützt werden, um unser Symbol zu zeigen, sind leider sehr wenige. Vielleicht wird es bald besser. Ich stelle fest, dass es sich hier in dieser Sache nicht um den Fremdenverkehr handelt, sondern einzig u. allein um die Wut u. Einstellung der hiesigen Juden u. Marxisten […]. Welcher Beschluss gefasst wird, spielt keine Rolle mehr. Ob das Heraushängen der Hakenkreuzfahne geduldet wird oder nicht, tut dem Fortschreiten unserer Bewegung keinen Abbruch. Im Gegenteil, sollte das Verbot kommen, haben wir prächtiges Werbematerial, das wir auszunützen verstehen. […] Zum Schluss möchte ich noch bemerken, dass alle jene Stadträte, die dem Antrag auf Verbot zustimmen, sich insoferne blamieren, als der Antrag kurz nach Behandlung des Falles Levite eingebracht wird, dass dadurch die Meinung entsteht, man wolle wieder gutmachen, was man durch die Strafe verursacht hat.*

Stadtrat Schnell bezog sich auf die *Beleidigung des Stadtratspersonals durch den Kaufmann David Levite*.

Der Verwaltungsausschuss schlug in seiner Sitzung vom 6. November 1929 vor, Strafantrag gegen David Levite zu stellen, außer er erkläre sich zur Zahlung eines Bußgelds von 200 Reichsmark bereit. Der Fall wurde in nichtöffentlicher Ratssitzung am 16. November behandelt. Der Antrag, auf den Strafantrag grundsätzlich zu verzichten, wurde gegen 5 Stimmen abgelehnt. Dagegen wurde gegen 5 Stimmen beschlossen, den Verwaltungsausschussbeschluss dahingehend abzuändern, dass auf einen Strafantrag verzichtet werde, *wenn sich Levite bereit erklärt, Abbitte zu leisten und eine Buße von 100 RM zu bezahlen.* Ein Antrag, die Buße auf 200 RM festzusetzen, wurde gegen 2 Stimmen abgelehnt.

David Löw Levite war offensichtlich dazu nicht bereit. In der nichtöffentlichen Sitzung am 14. Oktober 1929, in der Stadtrat Schnell abwesend war, wurde mit einer Stimme Mehrheit beschlossen, den Strafantrag zu stellen. Die Staatsanwaltschaft Ansbach lehnte ihn allerdings ab, der Verwaltungsausschuss beschloss mit einer Gegenstimme, von einer Beschwerde bei der Oberstaatsanwaltschaft Nürnberg abzusehen. Diesem Beschluss wurde in der öffentlichen Stadtratssitzung im November zugestimmt, womit die Beleidigungsklage gegen den Kaufmann David Löw Levite eingestellt war.

1930 Verschärft wurde der Hakenkreuzfahnen-Streit dann durch einen Leserbrief, abgedruckt im deutschlandweit verbreiteten *Israelitischen Familienblatt*:

Bei meiner Anwesenheit in Dinkelsbühl am Sonntag, den 25. Mai 1930, musste ich mich von einem christlichen Freunde darauf aufmerksam machen lassen, dass von dem städtischen Schrannengebäude eine große Hakenkreuzfahne wehte.

Die Redaktion fragte bei der Gemeindeverwaltung Dinkelsbühl an: *Aus dieser Tatsache schließt unser Gewährsmann, dass Touristen und Ausflüglern resp. Erholungssuchenden jüdischen Glaubens der Aufenthalt in Dinkelsbühl nicht empfohlen werden*

könne [...]. *Wir pflegen alljährlich unsere Leser – im beiderseiti-gen Interesse – durch eine Liste „Wo Juden unerwünscht sind" vor dem Besuch antisemitischer Kurorte zu warnen und wären, wenn sich die Behauptung unseres an sich glaubwürdigen Ge-währsmannes als wahr erweisen sollte, gezwungen, auch Ihren Ort in diese Liste aufzunehmen.*

In seiner Antwort vom 11. Juni verweist Erster Bürgermeister Rudolf Götz, sein Amt verschweigend, auf den jüngsten Stadt-ratsbeschluss vom März 1929. Er argumentiert, *dass jeder Ver-einigung, Partei etc. gestattet ist, bei Benützung des Saales ihre Farben oder Abzeichen am Schrannengebäude anzubringen, mit Ausnahme der Umsturzzeichen Rot und Sowjetstern. Wenn also beispielsweise bei einer Veranstaltung evangelischer Ver-eine die evangelische Kirchenflagge am Schrannengebäude ge-hisst würde, so käme bestimmt der katholische Volksteil nicht auf den Gedanken, dass Touristen und Ausflügler resp. Erho-lungssuchenden des katholischen Glaubens der Aufenthalt in Dinkelsbühl nicht empfohlen werden könne. Sollten die Juden den Schrannensaal für eine Veranstaltung mieten, so sind sie ebenfalls berechtigt, ihre etwaigen besonderen Abzeichen am Schrannengebäude zu verwenden.*

Götz verwahrte sich gegen den Glauben der Redaktion, *dass die Stadtverwaltung infolge Ihrer Drohung, Ihre Leser vor dem Be-suche Dinkelsbühls zu warnen, ihren – im besten Sinn des Wor-tes – demokratischen Beschluss ändern wird. Ich erwarte, dass Sie diese Drohung sofort zurücknehmen. Sollte dies nicht der Fall sein, so werde ich die Frage prüfen, was geschehen kann, um die Stadt Dinkelsbühl vor dem Terror einer kleinen Gruppe von Staatsbürgern zu schützen. Ob Sie mit ihrem anmaßenden Schreiben den Interessen der hiesigen Juden dienen, mögen Sie selbst beurteilen und verantworten.*

Die Redaktion des *Israelitischen Familienblattes* druckte dieses Schreiben *auszugsweise* am 26. Juni unter dem ironischen Titel *Das ‚demokratische' Dinkelsbühl* mit einem entsprechenden Kommentar ab. Man hob zunächst die Beliebtheit der mittelal-terlichen Stadt hervor, denn *nicht gering ist die Zahl gerade un-*

serer Glaubensgenossen aus Nürnberg, Fürth und anderen bayerischen Plätzen, die das reizvolle Städtchen als das beliebte Ziel ihrer Ausflüge und Weekend-Partien bevorzugen. Dann kritisierte man die Gleichsetzung von Partei- und Kirchenfahnen: *Der Leser […] wird mit Recht die Frage stellen, warum man in Dinkelsbühl zwar den Sowjetstern und sogar das Rot, die Fahne der staatsbejahenden Mehrheitssozialdemokratie, als Symbol des Umsturzes bezeichnet, nicht aber auch das Hakenkreuz, hinter dem sich seit Jahren alle Kreise sammeln, die das republikanische Deutschland zertrümmern und an seiner Stelle ein reaktionär-militärisches Staatsgebilde errichten wollen. Überall in Deutschland weiß man heute, dass auch das Hakenkreuz ein Symbol des Umsturzes ist. Der Dinkelsbühler Stadtrat aber lässt es sich nicht nehmen, dem Hitler-Banner eine ähnliche, im staatspolitischen Sinne harmlose Bedeutung wie kirchlichen Emblemen zu unterlegen und dadurch den hochpolitischen, landesverräterischen Charakter des Hakenkreuzes mit dem Mantel christlicher Vereinsflaggen zu umhüllen.*

Zum belehrenden zweiten Teil des Bürgermeisterbriefs ging die Redaktion u. a. auf die abwegige Einengung ein, es handle sich hier um eine Religionsfrage, nicht um Antisemitismus: *Vielleicht ist es ‚im besten Sinne des Wortes‘ demokratisch, zwar nicht den Nationalsozialismus, dafür aber die Mehrheitssozialdemokratie als eine Partei mit ‚Umsturzabzeichen‘, also als Bekämpferin der deutschen Demokratie zu bezeichnen? – […] Die Vorstellung vom ‚jüdischen Terror‘ ist ja, nicht erst seit gestern, eine der fixen Lieblingsideen all jener Gruppen, die den rechtsradikalen Terror, mangels wirklich aufbauender Programme, zum Angelpunkt ihrer Aktionen machen. Nur eines sei gesagt: waren wir nach der Lektüre des ersten, ‚sachlichen‘ Teils der Zuschrift aus Dinkelsbühl im Zweifel, ob die Gleichsetzung der Hakenkreuzfahne mit konfessionellen Vereinsflaggen ehrlich gemeint oder nicht vielmehr ein Vorwand war, um Sympathien mit jenem Symbol des Judenhasses zu bemänteln, so behebt diesen Zweifel der zweite Teil des Briefes, der verrät, wie gering die scheinbar ‚sachlichen‘ Argumente des Dinkelsbühler Stadtrats zu werten sind.*

Unmittelbar darunter folgte im *Israelitischen Familienblatt* die Zeitungsrubrik: *Wo Juden unerwünscht sind. Ergänzungen und Streichungen zum ,Verzeichnis judenfeindlicher Kurorte, Sommerfrischen und Gaststätten'*.

Auf die Presseveröffentlichung hin, stellte Stadtrat Joseph Greiner im Stadtrat den bereits im Vorjahr angestrebten Verbotsantrag, der im Juli 1930, zur Abstimmung kam. Er sah ein Verbot aller Parteifahnen vor, speziell das Aushängen der Hakenkreuzfahne: *Der Antrag des Verkehrs- und Presseausschusses auf Verbot des Aushängens der Hakenkreuzfahne im Schrannensaal wird mit 10:10 Stimmen abgelehnt.*

Immerhin sah die Hälfte des Stadtrats darin eine Schädigung des Fremdenverkehrs oder vertrat eine andere politische Richtung. Dieser Stadtratsbeschluss erlaubte jedoch nur bei einer Anmietung der Schranne das Aufhängen der nationalsozialistischen Fahne.

Parteiveranstaltungs-Statistik

1930 Die abgehaltenen Parteiveranstaltungen der Nationalsozialisten zeigten Wirkung. Im Schrannensaal hielt die NSDAP von Januar bis Dezember 1930 7 Veranstaltungen mit 400-500 Teilnehmern (eine mit weniger) ab, die SPD hingegen 3 Veranstaltungen mit 200-250 Besuchern.

1931 Vom Januar bis August 1931 fanden bei der NSDAP 5 Veranstaltungen mit 400-500 Teilnehmern statt, bei der SPD 1 mit 250 Besuchern, bei der Deutschnationalen Volkspartei 1 mit 150 Besuchern.

1932 Die Anziehungskraft der Nationalsozialisten nahm zu: Die Versammlung im großen Schrannensaal am 9. Januar 1932 war mit ca. 1 200 Menschen überfüllt. Von insgesamt 49 Parteiveranstaltungen im Jahr 1932 bestritt die NSDAP mit 27 über die Hälfte, die SPD hielt lediglich 6 ab.

Nazi-Propaganda vor der Machtergreifung

1929 Die Ortsgruppe der NSDAP agitierte unverhohlen antisemitisch. Am 13. Mai 1929 veranstaltete sie um 20 Uhr im

Schrannensaal einen *deutschen Theaterabend.* Die nationalsozialistische Bühne Berlin brachte *das Rassen- und Familiendrama „Der Mischling" von W. Busch zur Aufführung.*

Ortsgruppenleiter Schnell bat das Direktorat der Berufsfortbildungsschule, es möge den Theaterbesuch erlauben: *Das Stück behandelt in volkstümlicher Art die Rassenfrage, frei von jeder gehässigen oder Sitte und moralisches Gefühl verletzenden Darstellung. Das Stück stellt das Einzelschicksal einer blutzersetzten Familie dar und soll ein Appell an alle Deutsche sein, dazu beizutragen, dass dieses Einzelschicksal nicht das Schicksal unserer großen Familie, des deutschen Kulturvolkes, wird. Es soll zeigen, dass unter Nichtachtung der von der Natur, von Gott, eingesetzten Rassengesetze, der deutsche Volksstaat genauso zu Grunde geht, wie einst der mächtige Staat Rom zu Grunde gegangen ist.* Der Preis der Schülerkarte betrug 50 Pfg.

1932 Das Jahr 1932, das letzte der Weimarer Republik, gekennzeichnete eine anhaltende Wirtschaftskrise mit hoher Arbeitslosigkeit und sozialer Not, was sich in heftigen politischen Auseinandersetzungen niederschlug.

Bei den fünf Wahlgängen von März bis November 1932 änderte sich die Stimmung in der Stadt. Bei der Wahl im April für das Amt des Reichspräsidenten erhielt Adolf Hitler 1 828 Stimmen, der seit 1925 amtierende Paul von Hindenburg nur 1 255 Stimmen, während er im Reich mit über 58 Prozent siegte.

Dinkelsbühl hatte ein hohes Haushaltsdefizit, die Wohlfahrtssätze wurden um 10 Prozent gekürzt, die städtischen Bediensteten mussten der Stadt einen Teil ihrer Bezüge zinslos stunden. Die Volksküche und die Wärmestube wurden vermehrt aufgesucht.

Die Nazis verstanden es, das Volk für sich einzunehmen, beispielsweise mit einer Sonnwendfeier unter dem Motto *Flamme empor* bei der St. Ulrichskapelle mit anschließendem Fackelzug hinunter zur Stadt.

Man inszenierte eine Riesenkundgebung mit dem Reichsorganisationsleiter der NSDAP und Dinkelsbühler Ortsgruppengründer Gregor Straßer. Zur Wahlkundgebung in der Schranne waren 600 SA-Leute angereist, die von der Stadtkapelle mit Musik und mit Zunft- und Schwertertänzen begrüßt wurden.

Die Nationalsozialisten agitierten mittlerweile ohne Scheu. Das Hotel Goldene Rose von Karl Fortunat am Marktplatz wurde angeprangert, weil hier Juden abstiegen. So stand 1932 in Julius Streichers Hetzblatt *Stürmer* zu lesen: *[…] kein deutscher Mann betritt das Hotel mehr.* Und auf der *Parteitafel* der NSDAP wurde plakatiert: *Hotel Goldene Rose, das Judenhotel!*

Gegenaktionen

1932 Vor der Geschäftsstelle der NSDAP, damals am Ledermarkt 5, kam es am 1. Februar 1932 zu einem Auflauf von etwa 200 Bürgern, die sich gegen die Nazis stellten. Die Zeitung berichtete über diesen *Zusammenstoß* kritisch.

Als darüber 14 Tage später eine Aussprache im Stadtrat stattfand, wurde der Vorfall im Fränkischen Kurier dagegen nazifreundlich als Zusammenstoß zwischen *kommunistischen Elementen und Angehörigen der Nationalsozialistischen Partei* geschildert.

Anhänger der kommunistischen Partei hätten in einer nahen Wirtschaft gezecht. Der entlassene städtische Vorarbeiter Biswanger *betrat die Geschäftsstelle mit Schimpfen, worauf einige seiner Gesinnungsgenossen eintraten, angeblich um den ‚Stürmer' zu kaufen. Während sie hinausgedrängt wurden, erhielt der nationalsozialistische Ortsgruppenführer Lechler einen Schlag ins Gesicht. Vor dem Hause entwickelte sich eine bedrohlich aussehende Keilerei.*

Der Platz sei aber bald von der Polizei, dem Bürgermeister und der Gendarmerie geräumt worden. *Kleinere Gruppen Kommunisten wollten sich trotz scharfer Aufforderung in den benachbarten Gassen nicht zerstreuen, weshalb einer der Hauptschreier verhaftet wurden. Seine Genossen suchten ihn zu befreien, besonders einer aus Schopfloch, der dann gleichfalls festgenommen wurde. Man ist bei der ganzen Sache mit großem Langmut vorgegangen, obwohl die Polizei von dem Gummiknüppel Gebrauch machen musste.*

Vor den Augen der Polizei . . .

Politische Zusammenstöße in Dinkelsbühl.

· Dinkelsbühl, 3. Februar.

Kürzlich hat die hiesige Ortsgruppe der Hakenkreuzler am Ledermarkt eine Geschäftsstelle errichtet. In den Nachmittagsstunden kam es dort zwischen Nationalsozialisten und Straßenpassanten (nach dem Volksmund handelt es sich um Kommunisten) zu Zusammenstößen. Eine große Zahl Neugieriger hatte sich auch gleich eingefunden, und der Krach war fertig. Jede Gruppe behauptet, s i e sei provoziert worden.

Abends fanden sich alle Hakenkreuzler in der Geschäftsstelle ein und grölten das Horst-Wessel-Lied.

Auch die Nazistadträte S c h n e l l und E n g e r e r durften nicht fehlen. Schutzleute und Gendarmen waren in genügender Zahl anwesend, aber es ist ihnen nicht eingefallen, das Singen zu verhindern, obwohl sie sahen, daß die Lage b e d r o h l i c h wurde und sich annähernd 200 Menschen angesammelt hatten. (Was wäre wohl geschehen, wenn Kommunisten oder Sozialdemokraten die Sänger gewesen wären? D. B.)

Warum hat es die Polizei zu dieser Situation kommen lassen? Erst als sich immer mehr Menschen vor dem Gebäude einfanden, griff sie ein und trieb die Anwesenden mit dem Gummiknüppel auseinander. Dabei wurde ein Mann v e r l e t z t, der zur Polizeiwache gebracht und dort verbunden wurde. Ein Mann, der v e r h a f t e t wurde, wurde kurz darauf wieder entlassen.

Bericht im Wörnitz-Boten vom 03.02.1932.

In der Sitzung war Nazi-Stadtrat Johann Schnell der Meinung, *dass sich der Sturm in erster Linie gegen das neue nationalsozialistische Geschäftslokal [Ledermarkt 5] richtete. [...] Der sozialdemokratische Stadtrat Ries polemisierte gegen die NSDAP. Die Bevölkerung sei erbittert, weil die übergroße Anzahl von städtischen Beamten und Angestellten Nationalsozialisten seien. (Schwarz und rot dürften sie natürlich alle sein. D. Red.)* Abschließend stellte Bürgermeister Götz fest, *dass die Nationalsozialisten gereizt worden sind, dass sich nicht alles mit Güte machen lasse. Er warnte noch einmal eindringlich vor solchen Vorfällen. Damit hatte die stellenweise sehr scharfe Auseinandersetzung ihr Ende.*

1932 Weitere Parteiaktionen gegen die Nazis folgten. In der Nacht vom 13. auf 14. März 1932 kam es zu Gewalttaten der Eisernen Front (Vorsitzender des Ortsvereins war SPD-Stadtrat

Karl Ries) gegen Polizeiorgane, worauf 1. Bürgermeister Rudolf Götz in der Ratssitzung einen Verbotsantrag stellte. Der Antrag wurde jedoch abgelehnt, weil das erst bei wiederholten Verstößen in Betracht käme. Vier Mitglieder der Eisernen Front wurden mit Gefängnisstrafen von sechs bzw. sieben Monaten verurteilt.

Die Eiserne Front bestritt in einem *Eingesandt* im Wörnitz-Boten, Schuld am Zwischenfall zu haben: *Richtig ist, dass angeheiterte Wähler auf dem Nachhausewege durch den Ruf: ,SA. Heraus' gereizt wurden und ihrerseits den Ruf: ,Eiserne Front' erwiderten. Ob im Übrigen der Bericht der Polizei der Wahrheit entspricht, ist sehr fraglich, da dieselbe doch im ,Hahnen' [damals ein Wirtshaus in der Langen Gasse 16] und nicht auf der Straße war.*

Darauf erwiderte 1. Bürgermeister Götz in einem *Eingesandt: Es ist ein sehr müßiges Beginnen der ,Kampfleitung' die Terrorhandlungen der Eisernen Front vor dem Stammlokal der Nationalsozialistischen Deutschen Arbeiterpartei als zufällige, harmlose Reizzustände angeheiterter, nachhause strebender Wähler darzustellen. Ist es ein Zufall, dass die Wähler aus dem Stammlokal der Eisernen Front [Gasthaus Lamm von Stadtrat Ries, Lange Gasse] kamen und ausgerechnet vor dem Stammlokal der Nationalsozialistischen Deutschen Arbeiterpartei […] Händel begannen und dass einer rief: ,Schlagt ihn tot, den Hund'? Ist es Zufall, dass auf den Hilferuf des bedrängten Nationalsozialisten sofort die Eiserne Front unter ihrem ,Kampfleiter' Bach durch den Ruf ,Eiserne Front zum Angriff!' bereit stand? […] Vielleicht öffnet dieser Vorfall ebenso wie jener vom 1. Febr. am Ledermarkt (auch dem parteimäßig ganz einseitig eingestellten) Bürger aller Stände endlich die Augen, welche Elemente in Dinkelsbühl die politische Auseinandersetzungen aus dem Gebiete des geistigen Kampfes in das Gebiet der rohen Gewalt und der Tätlichkeiten gegen die pflichttreue Polizei als Hüterin der öffentlichen Ordnung und gegen Andersdenkende hinübertragen.*

Nach der Darstellung von Götz, waren mehr als ein Dutzend gegen zwei Polizisten vorgegangen, die einen Verhafteten befreiten, wobei dem Polizeikommissär mit der Faust ins Gesicht geschlagen wurde. Es folgten weitere *Eingesandt* von beiden Seiten.

1932 Viel Aufregung und Unmut gab es über eine Anzeige vom 8. April 1932 im Wörnitz-Boten, weil Bürgermeister Götz seinen Namen, allerdings ohne Amtstitel, unter einen Wahlaufruf setzen ließ: *Aufruf! [...] auf Hitler! Heil Deutschland!*

1932 Noch konnten sich die Juden öffentlich zur Wehr setzen. Die Regierung von Mittelfranken, Kammer des Innern, stellte bei der Staatsanwaltschaft für den Landgerichtsbezirk Ansbach Strafantrag wegen Beleidigung von 1. Bürgermeister Rudolf Götz. Der Pferdehändler Adolf Levite hatte am 3. April 1932 geäußert: *Unser Bürgermeister hat die alleinige Schuld, dass wir so dran sind, dem gehört der Kopf herunter.*

Der Dinkelsbühler Verwaltungssenat beschloss, das Verfahren vorläufig gemäß § 154 RStPO einzustellen.

Vor der Kinderzeche 1932 fanden mehrere Veranstaltungen der NSDAP statt. In der nationalsozialistischen Bauernkundgebung am 21. Juli 1932 im dicht besetzten Schrannensaal wurden *die hiesigen Israeliten von einem Redner mit dem Überfall auf den Nationalsozialisten Eitel in Verbindung gebracht.* Dasselbe wurde im Aushangkasten des *Völkischen Beobachters* behauptet.

Dagegen setzte sich die Verwaltung der israelitischen Kultusgemeinde Dinkelsbühl im Wörnitz-Boten am 6. August in einem *Eingesandt* zur Wehr. Sie erklärte nach vorheriger Befragung ihrer Mitglieder, *jeden, der diese wissentlich falsche Behauptung weiter verbreitet, für einen ganz infamen Lügner und Verleumder. Kein Mitglied der israelitischen Kultusgemeinde Dinkelsbühl war davon unterrichtet, dass der Nationalsozialist Eitel nach Wertingen fährt, kein Mitglied der israelitischen Kultusgemeinde Dinkelsbühl hat irgendwelche direkten noch indirekten Schritte unternommen, die mit dem Überfall auf Eitel in irgend einem Zusammenhang stehen.* Die Ortsgruppe der NSDAP solle einen Namen nennen. *Die israelitische Kultusgemeinde Dinkelsbühl erwartet, dass jeder anständig denkende Mitbürger von derartigen verhetzenden Methoden der Ortsgruppe Dinkelsbühl der NSDAP in aller Öffentlichkeit abrückt.*

Darauf antwortete der Ortsgruppenleiter am 9. August im Wörnitz-Boten: *Allen, in oben benannten Eingesandt zitierten ‚anständig denkenden Mitbürgern' – soweit es sich nicht um Judenfreunde handelt – zur Kenntnisnahme, dass der Vorsitzende der israelitischen Kultusgemeinde Dinkelsbühl in diesen Angelegenheiten eine sehr merkwürdige und unwahrhaftige Rolle spielte.* Hierzu erklärte wiederum die Kultusgemeinde am nächsten Tag im Wörnitz-Boten, *dass die gewundene Erwiderung desselben von A-Z unwahr ist.* Man ersuchte den Ortsgruppenleiter, *der Öffentlichkeit doch mitzuteilen, welche merkwürdige und unwahrhaftige Rolle er gespielt hat. Man handelt eben nach dem alten Sprichwort ‚es bleibt immer etwas hängen' und verleumdet ruhig weiter. Zu den konkreten Behauptungen der israelitischen Kultusgemeinde Dinkelsbühl, dass es sich um bewusste Lügen und Verleumdungen handelt, nimmt die Erwiderung überhaupt nicht Stellung. Wir haben mit dem Überfall auf Eitel gar nichts zu tun und stellen wiederholt fest, dass die ganze Angelegenheit nur zu dem Zwecke inszeniert wird, um ungeniert weiter hetzen zu können.*

1932 Zum Ende des letzten Jahres vor der Machtübernahme der Nazis fand der Leser auf der Seite des Wörnitz-Boten vom 17. Dezember 1932 noch die Reklame des jüdischen Textilgeschäfts der Schwestern Jordan am Ledermarkt 4/5, darüber ein antisemitisches Inserat.

Nazi-Organisationen werden verboten

1932 Der Versuch der Weimarer Staatsmacht, mithilfe eines
Nazi-Verbots, die Ordnung in der Republik wieder herzustellen,
scheiterte. In der Reichsverordnung vom 14. April 1932 wurden
*alle Militärähnlichen Nationalsozialistischen Organisationen,
insbesondere die Sturmabteilungen [SA], die Schutzstaffeln [SS]
mit allen dazu gehörigen Stäben [...] mit sofortiger Wirkung aufgelöst.*

Auch in Dinkelsbühl sollten von der hiesigen Schutzpolizei alle
Ausrüstungsgegenstände, Fahrzeuge, Fahnen, Musikinstru-
mente usw. sichergestellt werden. Der Ortsgruppenleiter der
NSDAP, Fritz Lechler, der zugleich Führer der SA-Mannschaft
war, erklärte, es sei nichts vorhanden.

Die Polizei teilte mit: Eine *Durchsuchung der Geschäftsstelle,
ferner der Wohnung des Lechler und des Parteilokals im Gasthaus zum roten Hahn verlief ergebnislos.*

Letztes jüdisches Begräbnis mit Bürgerbeteiligung

1932 Das vermutlich letzte jüdische Begräbnis mit großer Beteiligung von Dinkelsbühlern und einer Anzeige im Wörnitz-Boten
fand im Dezember 1932 statt.

Danksagung.

Für die vielen Beweise herzlicher Teilnahme und für die außerordentliche Beteiligung beim Heimgang unseres teuren, nun in Gott ruhenden Gatten und Vaters

Herrn David Levite

danken herzlichst

Dinkelsbühl, den 16. Dezember 1932. |2349

Die tieftrauernde Gattin nebst Tochter.

Danksagung im Wörnitz-Boten für David Levite, 16.12.1932.

Im „Dritten Reich"

1933 Am 30. Januar 1933 hatte Reichspräsident Paul von Hindenburg, den Vorschriften der Verfassung entsprechend Adolf Hitler zum Reichskanzler berufen und ihm die Regierungsbildung eines Koalitionskabinetts übertragen.

Nachdem dies gescheitert war, setzte Hindenburg für den 5. März 1933 Neuwahlen fest. Der Nationalsozialistischen Deutschen Arbeiterpartei fehlten danach im Reich zwar noch 7 Prozent zur Mehrheit, dennoch vollzog sich rasch eine Gleichschaltung der deutschen Länder. Mit der Machtergreifung Hitlers begann die planmäßige Ausgrenzung, Entrechtung und Verfolgung und Ermordung der Juden durch den Willkür-Sstaat und die „deutsche Volksgemeinschaft".

Zur Totengedenkfeier wird marschiert

Der politische Umbruch in Dinkelsbühl zwischen 1931 und 1933 zum Nazi-Staat wird an bei den Totengedenkfeiern deutlich.

1931 Am 9. Novemberabend 1931 wollte die Ortsgruppe der NSDAP eine Feier in der Kriegergedächtniskapelle am Segringer Tor abhalten. Ein Aufmarsch und Abmarsch in geschlossener Formation war nicht geplant.

Die städtische Genehmigung erfolgte mit der Auflage, dass *politische Demonstrationen hiebei unterbleiben* und keine einheitliche Parteikleidung oder Abzeichen, mit Ausnahme der Bundesnadel, getragen werden. Die Totenfeier wurde polizeilich überwacht, es gab keine Beanstandung.

1933 Ganz anders liest sich das *Programm für die Nationale Freiheitskundgebung mit Totengedenkfeier* am 12. März 1933: *Abmarsch der SA [Sturmabteilung], HJ [Hitlerjugend], Stahlhelms und „Jungbayern" vom „Hahnen" [damaliges Wirtshaus in der Langen Gasse 16] durch die Turmgasse zu Teilnahme am Gottesdienst in der Paulskirche.* Danach folgte ein Marsch mit Stadtkapelle zum Rathaus: *1. Einleitender Marsch der Kapelle, 2. Flaggenhissung unter dem Absingen des Horst-Wessel-Liedes ‚Die Fahne hoch ...'. 3. Ansprache des Herrn rechtsk. 1. Bürgermeisters Götz, 4. Deutschlandlied. Anschließend Marsch zur Gedächtniskapelle – Kranzniederlegung, Abmarsch durch die Segr[inger] Straße – Bauhofstraße zum Kriegerdenkmal [damals vor dem Wirtshaus Zur goldenen Sonne, Weinmarkt 11], zur Freiheitskundgebung mit Totengedenkfeier.*

Die Parteien werden verboten

1933 Wie der Wörnitz-Bote drei Tage später meldete, wurde am Samstag, 11. März 1933, in Ausführung der Verfügung des Reichskommissars für Bayern die Dinkelsbühler Ortsgruppe des SPD-nahen Reichsbanners Schwarz-Rot-Gold polizeilich aufgelöst. Im Sommer beschloss der Reichstag das Verbot aller anderen Parteien in Deutschland. Es gab nur noch die NSDAP.

Die Hakenkreuzfahne weht am Rathaus
1933 Über den Vorgang wird am 15.03.1933 im Wörnitz-Boten ausführlich berichtet. Nachdem der Verwaltungsausschuss beschlossen hatte, *das Rathaus mit der alten Flagge der Reichseinheit Schwarz-Weiß-Rot und der Hakenkreuzfahne als das Zeichen der deutsch-völkischen Erneuerung* zu schmücken, hielt 1. Bürgermeister Rudolf Götz anlässlich der *Freiheitskundgebung in Dinkelsbühl* am Sonntag, den 12. März 1933, eine Ansprache. Er stand auf dem Balkon des Rathauses über dem Eingangsportal im 2. Obergeschoss, der inzwischen abgebaut ist.

Ansprache von Bürgermeister Götz *Als die nationalsozialistische Bewegung von deutschen Menschen, die aus jener Bewegung hervorgingen, unter Adolf Hitlers Namen hier ausgesät wurden, fand sie gelockerten Boden und offene Herzen. Mein ganzes Streben seit einem Jahrzehnt ging daraufhin, in Erkenntnis des hohen Wertes nationalsozialistischen Wollens – trotz mancher Ausstellung am einzelnen –, in den Nationalsozialisten nicht die Konkurrenz, sondern die Bundesgenossen und Vollender im Kampf um ein neues Deutschland zu sehen und sie nicht durch meine amtlichen Bindungen zu belasten. Wenn ich so durch stille Förderung ein bescheidenes Scherflein zur Bildung der nationalen Front in Dinkelsbühl beitragen durfte, so bin ich glücklich darüber.*

Am Tag darauf beschloss der Stadtrat unter Vorsitz von 1. Bürgermeister Götz, dem 2. Bürgermeister Schlatterbeck und 17 Stadträten gegen die 2 Stimmen der sozialdemokratischen Fraktion (SPD-Stadtrat Ries war abwesend), dass künftig das Rathaus mit der Schwarz-Weiß-Roten und der Hakenkreuzfahne geflaggt werden solle. Den Antrag hatten die NSDAP und der Stahlhelm gestellt.

Ehrenbürgerschaft Adolf Hitlers, Hitlerpromenade

1933 Parallel zum Beschluss, die Hakenkreuzfahne am Rathaus aufzuziehen, lief der Antrag auf die Ehrenbürgerschaft von Reichskanzler Adolf Hitler. Sie wurde am 13. März 1933 vom Stadtrat gegen die 2 Stimmen der Sozialdemokraten (SPD-Stadtrat Ries war abwesend) beschlossen. Sie wollten erst die Leistungen der Regierung Hitler abwarten.

Den Antrag hatten die nationalsozialistischen Stadträte Schnell und Engerer gestellt. Als Begründung wurde u. a. angeführt, Adolf Hitler solle *nicht als Parteimann, sondern als der kommende Staatsmann* geehrt werden. W*enn auch der Herr Reichskanzler für unsere Stadt direkt noch nichts leisten konnte, so doch indirekt, indem er den Bolschewismus von Deutschland und damit auch von unserer Stadt abgewendet* hat.

Bürgermeister Götz bat den Reichskanzler in seinem Schreiben vom 24. April, mit der Annahme der Ehrenbürgerschaft *der Bevölkerung, die gestern in eindrucksvoller öffentlicher Kundgebung Ihres Geburtstages gedachte, eine besondere Freude zu machen. Der Stadtrat hat sich auch erlaubt, zur dauernden Erinnerung an die Wiedergeburt des Deutschen Volkes [...] eine Anlage [...] Hitlerpromenade zu benennen*. Gemeint war die Neue Promenade beim Stadtpark.

Hitler bedankte sich am 2. Mai 1933 für die Verleihung.

Die Feierlichkeiten der Umbenennung zur Hitler-Promenade waren bereits Anfang April erfolgt, wie der Wörnitz-Bote am 11.04.1933 berichtete.

1933 Hitlers Geburtstag wurde schon 1933 gebührend gefeiert. Am 20. April fanden ein abendliches Standkonzert der Stadtkapelle vor der Schranne und ein Fackelzug von SA (Sturmabteilung) und HJ (Hitlerjugend) statt.

Bericht im Wörnitz-Boten *Der Geburtstag des Volkskanzlers Adolf Hitler wurde gestern auch in würdiger Weise begangen. Die ganze Stadt prangte im Fahnen- und Flaggenschmuck. [...] Zum Schluss wurde aus tausend Kehlen das Deutschland- und Horst-Wessel-Lied mitgesungen.*

Den Höhepunkt dieses frühen Hitlerkults bildete der *Hitlertag* am 23. April, zu dem u. a. 500 Mann von der SA und HJ aufmarschierten.

Geflaggt wird mit der Hakenkreuzfahne

1933 Der Verwaltungsausschuss hatte bereits am 10. März 1933 beschlossen: *Die Beschaffung einer Hakenkreuzfahne wird genehmigt. Die Kosten werden auf Kämmereikasse 1932/33, Titel Feste und Ehrungen, übernommen.*

Die noch geltende Einschränkung, das Aufziehen der Hakenkreuzfahne nur zugleich mit der Schwarz-Weiß-Roten Fahne des Kaiserreichs zu gestatten, fiel mit der Eröffnung des neuen Reichstags am 21. März 1933. Hierzu wurde von der Landesregierung telefonisch mitgeteilt: *Dienstag, den 21.3.33 sind auf den Gebäuden sämtlicher bayerischer Landesbehörden die Schwarz-Weiß-Rote-, die Hakenkreuzfahne und die Weiß-Blaue gemeinsam zu hissen.* Dies kam an den städtischen Gebäuden und den Schulen *zum Vollzug.* Von nun an gab es im „Dritten Reich" auch in Dinkelsbühl die unbeliebte Schwarz-Rot-Goldene Fahne der demokratischen Weimarer Republik offiziell nicht mehr. *Gegen die Hissung der Stadtfarben neben den Reichs- und Landesfarben* bestanden keine Bedenken. Ebenso wurde aus München für den 20. April 1933, am *Geburtstage des Herrn Reichskanzlers Adolf Hitler,* diese Beflaggung angeordnet. Von jetzt an wehte an vielen, von Regierungsstellen festgelegten Tagen die Hakenkreuzfahne vor den Schulhäusern. So jährlich am 9. November, zur Erinnerung an Hitlers Putschversuch in München mit seinem Marsch zur Feldherrnhalle 1923, als *die ersten Kämpfer für Deutschlands nationale Erhebung den Tod fanden.*

Schutzhaft, Konzentrationslager, Ortsverbot

1933 Der zu 20 % kriegsbeschädigte, arbeitslose Bierbrauer **Michael Stelzner** hatte als KPD-Mitglied *früher der skrupelloseste Hetzer der hiesigen Kommunisten* und bereits von März bis Juni 1933 in *Schutzhaft* eingesessen.

Der Dinkelsbühler Ortsgruppenleiter der NSDAP Fritz Lechler stellte erneut einen Antrag. Stelzner hatte sich wieder *als kommunistischer Aufwiegler unter den Erwerbslosen der Stadt Dinkelsbühl betätigt und fortgesetzt unter ihnen Stimmung gegen die Reichsregierung und gegen die Anordnungen des Stadtrats zu machen versucht.* Er bildete *den Mittelpunkt von häufigen Ansammlungen marxistischer Elemente auf dem Marktplatz.* Im Dezember 1933 wurde dann ein Schutzhaftbefehl und *seine Überführung nach dem Konzentrationslager Dachau* mit *Genehmigung der Bayr. Politischen Polizei* vom Bezirksamt und Stadtkommissär Dr. Killinger angeordnet.

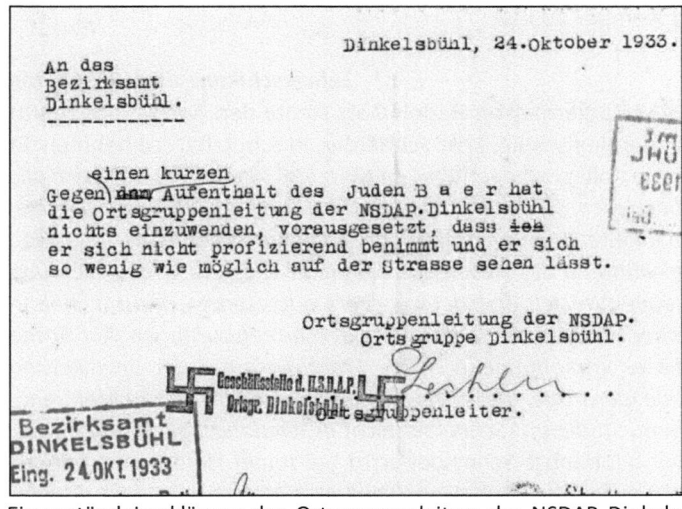

Einverständniserklärung des Ortsgruppenleiters der NSDAP Dinkelsbühl an das Bezirksamt zu Baers Aufenthaltsantrag (Repro 2010).

1933 **Julius Ferdinand Baer** war 1928 zugezogen, seine Familie kam nach. Er meldete ein Gewerbe für Groß- und Kleinhandel mit Lacken, Farben, Gelen und Fetten an und arbeitete als Kaufmann bei der Firma Weinberger/Birk. Er kam 1933 in Schutzhaft, erhielt Ortsverbot und hatte sich schriftlich verpflichtet, am 1. November 1933 fortzuziehen.

Am 22. Oktober bat er in einem Schreiben an das Bezirksamt Dinkelsbühl, *dass mir amtlicherseits die Genehmigung erteilt werde, dass ich mich zur Regelung persönlicher Angelegenheiten einige Tage dort unbehindert aufhalten kann. Ich bitte auch darum, mir bei einem evtl. Vorkommnis zu gestatten, mich unter poliz. Schutz sofort von Dinkelsbühl wegzubegeben, damit ich nicht wieder in die unangenehme Lage komme, in Schutzhaft genommen zu werden. Im Übrigen verpflichte ich mich, bei eingetretener Dunkelheit die Wohnung nicht mehr zu verlassen.* Dies wurde unter der Voraussetzung genehmigt, dass er sich *nicht provozierend benehme.*
Alle Mitglieder der Familie Baer verließen Dinkelsbühl am 1. November 1933

Lehrerschikane und Versetzung

1933 Bürgermeister Rudolf Götz stellte den Antrag, Studienrat an der Realschule, **Fritz Schneider**, in Schutzhaft zu nehmen. Er hatte Kollegen gegenüber im März 1933 geäußert, *dass sich alle diejenigen schämen müssen, die Hitler nachlaufen.* Man bemängelte auch: *Anlässlich der Schulfeier in der Realschule blieb er während des Absingens des Horst Wessel Liedes sitzen und bequemte sich erst beim 3. Vers aufzustehen und mit höhnischer Miene und mit verschränkten Armen zu stehen. Auf Grund dieser Vorkommnisse ist die Erregung unter der Bevölkerung eine derartige, dass Gewaltmaßnahmen zu befürchten sind, wenn Studienrat Schneider nicht in Schutzhaft genommen wird.*
Der beurlaubte Schneider stritt bei seiner Vernehmung derartige Äußerungen ab. Und Schulleiter Röder stellte fest: *Es werden gegenwärtig in der Stadt unwahre und entstellte Angaben und Nachreden über Schneider verbreitet, dass es gut sein wird, sie mit aller Vorsicht zu bewerten.*
Der Leiter der Ortsgruppe der NSDAP, Fritz Lechler, erklärte dagegen: *Die Stimmung eines Teils der Bevölkerung, insbesondere der SA [Sturmabteilung], ist auf Grund der bekannten, gegen ihn bestehenden Vorwürfe noch sehr erregt.*
Dennoch zog Bürgermeister Götz seinen Antrag zurück. Studienrat Schneider versprach in einer Sitzung des Elternbeirats

vertraglich, *künftig die Unterrichtgestaltung ganz im Sinne der nationalen Revolution und unseres Kanzlers Adolf Hitler zu führen.*

Fritz Schneider, der bisher die finanzielle *Förderung der Bewegung* unterlassen hatte, musste eine *Hitlerspende* von 10 Reichsmark und *der Ortsgruppenkasse der NSDAP* ein Drittel eines Monatsgehalts zahlen. *Das Quittungsdiplom der Hitlerspende muss auf die Dauer von 4 Wochen vom Schulanfang ab am Schwarzen Brett der Schule angeschlagen werden.*

Unter der Voraussetzung, dass Schneider seine Versetzung betreibe, wurde die Beurlaubung durch Stadtkommissär Dr. Killinger zurückgenommen. Fritz Schneider wurde dann zum neuen Schuljahresbeginn nach Deggendorf versetzt.

Auch gegen Studienrat **Kiessling** *herrscht starke Missstimmung*.

Ausweisung des jüdischen Lehrers wegen Schächtung

1933 Am 28. März 1933 ersuchte Ortsgruppenleiter der NSDAP Lechler den Stadtrat, *um sofortige Ausweisung des jüdischen Lehrers* **Karl Krebs**. *Derselbe hat heute im Anwesen des Hch. [Heinrich] Levite geschächtet. Selbst wenn es sich in diesem Falle nur um Geflügel handelte, so ist die Möglichkeit nicht von der Hand zu weisen, dass er auch andere Tiere schächtet.* Da Karl Krebs tschechischer Staatsangehöriger sei, werde es für den Stadtrat sicher *ein Leichtes sein, ihn als lästigen Ausländer ausweisen zu können. Die Handlungsweise des Krebs hat außerdem bei der hiesigen nationalgesinnten Bevölkerung größte Entrüstung hervorgerufen, und bitten wir schon deshalb unserem Antrag stattzugeben.* Es wurde zwar *von einer Ausweisung Abstand genommen,* aber die Aufenthaltsgenehmigung widerrufen.

Krebs, der sich seit 29. März in Feuchtwangen in Schutzhaft befand, wurde am 3. April im Verhörzimmer mitgeteilt, dass ihm *der Aufenthalt in Dinkelsbühl mit Wirkung vom 1. April 1933 untersagt* sei. Bei seiner Schutzhaftentlassung am 22. April erhielt er die Auflage, bis spätestens 24. April aus der Stadt gehen, für Sonntag, den 23. April, wurde *ihm empfohlen, die Wohnung nicht zu verlassen.*

Auf die Beschwerde des tschechoslowakischen Generalkonsulats über die Ausweisung, wies man darauf hin, man habe lediglich die Aufenthaltsgenehmigung widerrufen.

Mitteilung von Hausbesitzer Georg Habelt Die Schächtung erfolgte im Haus der Levites, Lange Gasse 10. Dort wurde bei der Renovierung eine bogenförmige, altarartige Wandnische von über einem Meter Höhe gefunden, in der sich Geflügelknochen befanden.

Geschäftsboykott, Schutzhaft

1933 Wie anderswo postierten sich auch in Dinkelsbühl unmittelbar nach der Machtergreifung durch die Nationalsozialisten, Männer der Nazi-Sturmabteilung (SA) vor jüdischen Geschäften. Im *Völkischen Beobachter,* dem *Kampfblatt der nationalsozialistischen Bewegung Großdeutschlands*, wurde am 29. März auf der Titelseite verkündet: *Aufruf der Parteileitung der N.S.D.A.P. Samstag, Schlag 10 Uhr, wird das Judentum wissen, wem es den Kampf angesagt hat!* Gemeint war ein Boykott jüdischer Geschäfte.

Die paramilitärische Kampforganisation der NSDAP maßte sich in Dinkelsbühl am 30. März 1933 hoheitliche Rechte und Polizeigewalt an. Die Juden schlossen ihre Läden, eine Firma erst nachmittags.

Am Tag der Hausdurchsuchungen erschien im Wörnitz-Boten am 30.03.1933 diese Anzeige.

Bericht im Wörnitz-Boten zur Gräuelpropaganda Der Abwehrkampf gegen die Gräuelpropaganda im Auslande ist auch bereits in unserer Stadt in die Erscheinung getreten. [...] Die Maßnahme ist erfolgt, um auch die hiesigen Israeliten zu einem Protest an ihre Verbände und Organisationen zu veranlassen, um dadurch die Einstellung der unerhörten, grundlosen Gräuelpropaganda im Auslande zu erwirken. Eine erneute Aktion im Abwehrkampf gegen die Gräuelpropaganda am 30. März kriminalisierte die Dinkelsbühler Juden, indem bei allen ansässigen Juden polizeiliche Haussuchung gehalten wurde. [...] Der Abwehrkampf wird so organisiert, dass auch der jüdische Handel auf dem Lande davon erfasst wird.

Der Boykott war von der NSDAP-Leitung für das ganze Reich angeordnet worden. Am 1. April 1933 stellten sich in Dinkelsbühl SA-Posten vor dem Bekleidungshaus **Jordan (Klau)** am Ledermarkt 3 und 4 auf und hielten mit *Belehrungen* christliche Kunden vom Einkauf ab.

1933 Es kam auch Verhaftungen von **David Levite und Milan Bergmann** am 3. April und 11. Juli.

Bericht im Wörnitz-Boten über Verhaftungen
Am 3. April war im Wörnitz-Boten über Verhaftungen zu lesen: Der Boykott der jüdischen Geschäfte, der im ganzen Reich am Samstag um 10 Uhr offiziell begann, hat in unserer Stadt kein weiteres Aufsehen mehr erregt, nachdem die jüdischen Geschäftsinhaber bereits seit vergangenem Mittwoch ihre Läden geschlossen halten. Erst am Samstagabend gab es noch ein Aufsehen, als durch die SA. auf höheren Befehl zwei weitere Verhaftungen vorgenommen wurden; der Kaufmann David Levite wurde in seiner Wohnung festgenommen und gestern Mittag in Schutzhaft [nach Feuchtwangen] weiterbefördert, während Wagnermeister Josef Beck aus einer Gaststätte heraus abgeführt, inzwischen aber wieder auf freien Fuß gesetzt wurde.

Meldung im Wörnitz-Boten über Schutzhaft *Feuchtwangen, 12. Juli. In Schutzhaft wurden gestern abends genommen David Levite von Dinkelsbühl und Milan Bergmann von hier.*

Nazi-Parteiredner in Dinkelsbühl

1933 Mehrmals traten 1933 in Dinkelsbühl Nazi-Größen als Parteiredner auf: Der Wirtschaftstheoretiker der NSDAP Gottfried Feder sprach im *Knabsaal* am Bahnhof , der Frankenführer Julius Streicher und sein Stellvertreter Karl Holz in der Schranne und auf dem Weinmarkt.

Am **NS-Bauerntag**, am Sonntagnachmittag auf dem Weinmarkt, verkündete Julius Streicher: *Wenn wir sterben sollten, dann soll auch der Jude sterben.*

Am 17. September kamen Tausende nach Dinkelsbühl, um an der großen **Kriegsopferkundgebung** teilzunehmen. Auf dem Marktplatz sprachen u. a. der Reichsführer der Kriegsopfer, Oberlindober, und Julius Streicher. Über seine Rede wurde in der Nürnberger Zeitung berichtet.

Bericht der Nürnberger Zeitung Dieses Opfer für das Vaterland sei schwer gewesen, die Waffen unserer ehemaligen Feinde seien furchtbar gewesen, aber noch furchtbarer sei nach dem Weltkriege ein Teil unseres Volkes gewesen, das durch den ewigen Juden verhetzt, seine Frontsoldaten, seine Kriegsopfer verachtete, verhöhnte und beschimpfte.

Stadträte legen ihre Mandate nieder, Räte in Schutzhaft

1933 Das Innenministerium erließ am Mitte Juni 1933 die Anordnung, die SPD-Stadträte von den Sitzungen fern zu halten. *Auf Nahelegen durch die Ortsgruppe der NSDAP* erfolgte das Weitere in Dinkelsbühl *freiwillig*. Schon am 28. Juni genehmigte der Stadtrat die Niederlegung des Stadtrat-Mandats der Stadträte **Karl Ries** und **Josef Völler**, *weil sich die SPD Ortsgruppe aufgelöst hat.*

Außerdem legten die in einer bayernweiten Aktion in Schutzhaft genommenen Stadträte der Bayerischen Volkspartei, **Joseph Greiner** und **Sebastian Beck**, im Juni ihre Mandate nieder.
Stadtrat **Kamm** von der Kampffront Schwarz-Weiß-Rot musste
dann im September seinen Sitz räumen.
Ohne Opposition hatten nun die Nationalsozialisten im Rathaus
freie Hand.

Die Stadtkapelle wird gleichschaltet

1933 Die Mitglieder der Stadtkapelle wurden geschlossen als
SA-Kapelle in die SA übergeführt.

Gleichschaltung des Bürgermeisters

1933 Auch die Bürgermeister wurden dem Nazi-System einver-
leibt. Am 9. November 1933 standen 8 000 bayerische Bürgermeister auf dem Münchner Königsplatz, *die ihre Schwurhand
zum Himmel hoben, um zu geloben, dass sie ihr Amt im Geiste
des Kanzlers [Hitler] führen wollen.*

1. Bürgermeister Rudolf Götz war beeindruckt, *wie der Führer
immer wieder seine tiefe Friedensliebe und seine grenzenlose
Liebe zum Volk offenbarte.*

Seine Ankunft am Bahnhof offenbart die fortgeschrittene Nazi-
fizierung Dinkelsbühls innerhalb eines Dreivierteljahres: Bei seiner Heimkehr hatten sich *auf dem Bahnsteig die Ortsgruppenleitung der NSDAP und die nationalen Verbände mit Musikka-
pelle und Spielmannszug, ferner das Fähnlein des Freikorps Epp
[dem Götz angehörte], Stadtratskollegium [nur noch National-
sozialisten], die städt. Beamtenschaft, Vertreter sämtlicher übrigen Behörden und der Kirche und Schule Aufstellung genommen. Auf dem Bahnhofsplatz wartete ein weiterer Teil der Einwohnerschaft. [...] Nach Abschreiten der Fronten mit zum Gruß
erhobener Rechten wurde der Gefeierte mit klingendem Spiel in
die Stadt zum Rathaus geleitet.*

Schutzhaft wegen Schädigung des Parteiansehens

1934 Das NSDAP-Mitglied, Elektromeister **Friedrich Krebs**,
wurde im März 1934 in Schutzhaft genommen. Er hatte sich in

der Wirtschaft Zum Wilden Mann, Wörnitzstraße 1, *verächtlich u. beleidigend über führende Persönlichkeiten in der NSDAP ge-äußert.*

Den Antrag hatten Ortsgruppenleiter Fritz Lechler und der Sonderbeauftragte und 1. Bürgermeister in Wassertrüdingen, Ernst Ittameier, *wegen schwerer öffentlicher Schädigung des Ansehens der NSDAP* gestellt. *Gegen die Verhängung der Schutzhaft steht dem Verhafteten kein Beschwerderecht zu.*

Anzeige wegen Parteiverunglimpfung

1934 Ebenfalls im März 1934 erstattete Ortsgruppenleiter der NSDAP Fritz Lechler Anzeige in einer Sache, die ihm sein NS-Stadtratskollege Engerer erzählt hatte, die dieser vom Landwirt S. erfahren hatte, der es wiederum von einem dabei gewesenen Bahnbeamten gehört haben wollte.

Der städtische Zimmermann **Haas**, dessen **Ehefrau**, ein auswärtiger Bahnbeamter, ein Landwirt, der jüdische Pferdehändler **Heinrich Levite** und der jüdische Händler **Sigmund Schloßberger** saßen an einem Tisch im Gasthaus Zum Hecht am Schweinemarkt 1. Dabei sollen Haas und *auch Levite in ganz abfälliger Weise sich über die nationalsozialistische Bewegung ausgelassen* haben.

Haas soll gesagt haben, dass er vor dem Zorafritz, einem im Spital untergebrachten geistig Behinderten, *mehr Respekt habe als vor den Nazis. Derartiges kann sich die Partei nicht bieten lassen.*

Levite soll gesagt haben, *dass er sich nicht aufhängen werde, solange er sich noch täglich eine Maß Starkbier kaufen kann. Jetzt kaufe er sich noch ein Glas.*

Die Einvernahme der Beteiligten durch die Polizei – die beiden Beschuldigten Haas und Levite wurden nicht verhört – ergab jedoch *kein Vergehen gegen die Verordnung des Reichspräsidenten zur Abwehr heimtückischer Angriffe gegen die Regierung der nat. Erhebung,* sondern eine Verfehlung des Landwirtes S., der dies fälschlich berichtet hatte.

NS-Plakatierung in der Stadt mit Reißnägeln

1934 Die Nazi-Propaganda nahm keinerlei Rücksicht auf bestehende Ortsvorschriften und das Dinkelsbühler Stadtbild. Dagegen ging der NS-Stadtrat vor und ließ die von SA-Männern geklebten Plakate entfernen. Man schilderte den Vorgang der Kammer des Innern in Ansbach: *Ende April 1934 wurde ohne Genehmigung des Stadtrats in allen Stadtteilen, sogar am Wörnitztor, große und kleine Plakate an Privathäusern etc. angeklebt, die sich auf die ‚Braune Messe' in Nördlingen bezogen. Zum Schutze der Eigentümer gegen Beschädigung ihrer Häuser, vor allem aber zum Schutze des wohl überall bekannten und anerkannten Stadtbildes, ist der sog. Wilde Anschlag von Plakaten durch ortspolizeiliche Vorschrift verboten.*

Das Institut für deutsche Wirtschaftspropaganda, das *diese Handlung als eine Sabotage gegenüber den vom Führer gestellten Aufgaben* betrachtete, forderte hingegen eine *Nachplakatierung.* Man drohte, widrigenfalls den zuständigen Dienststellen in Berlin zu berichten. Daraufhin hefteten die SA-Männer die Plakate in der Stadt mit Reißnägeln an.

Viehmarkt-Verbot für Juden abgelehnt

1935 Im Lagebericht an das Präsidium der Regierung von Ober- und Mittelfranken teilte der *Vorstand des Stadtrats Dinkelsbühl*, Bürgermeister Rudolf Götz, am 4. Januar 1935 mit, *sowohl beim Viehmarkt als auch sonst habe ich den Eindruck, als ob die Juden wieder an Boden gewönnen.*

Und am 4. Oktober berichtete er: *Der Ortsgruppenleiter [Fritz Lechler] stellte bei mir den Antrag, den Juden den Zutritt zum Viehmarkt zu verbieten. Da ich das Verbot im Hinblick auf den Willen des Führers und das Gesetz ablehnte, zog er den Antrag zurück.*

Beflaggungsverbot an jüdischen Häusern

1935 Man schränkte die Rechte der Juden als Reichdeutsche weiter ein. Am 10. März 1935 traf in Dinkelsbühl eine Anweisung der *Bayerischen Politischen Polizei* aus München ein, die das *Hissen der Reichsflaggen durch Juden* betraf: *Es wurde festgestellt, dass z.B. jüdische Kaufhäuser die Hakenkreuzflagge hissten und dadurch Unruhe in der Bevölkerung herbeiführten. Da nach den nationalsozialistischen Grundsätzen Juden nicht zur deutschen Volksgemeinschaft zählen, ist das Zeigen der Hakenkreuzflagge durch sie nicht angebracht. Auch kann ihnen die Beflaggung mit der schwarz-weiß-roten Flagge nicht zugestanden werden.*

```
1. Den hiesigen Jsraeliten ist zu eröffnen, dass auf Grund
   vorstehenden Schreibens und zur Aufrechterhaltung der
   öffentl. Ruhe und Ordnung die Beflaggung der Häuser ver
   boten wird.
2. Der Schutzmannschaft zum Vollzug.

                    Dinkelsbühl, den 12. März 1935.
                         Ref.3

3  35    325   Vorstehende Verfügung wurde den Nachstehende
   eröffnet:
   ✓ Klau Felix              ✓ Hamburger Emil ( Anna )
   ✓ Künzelsauer Felix        ✓ Levite Heinrich
   ✓ Ansbacher Ludwig         ✓ Levite Adolf
   ✓ Hamburger Adolf          ✓ Schlossberger Sigmund
   ✓ Strauss Heinrich         ✓ Weinberger Witwe
   ✓ Birk   (Ehefrau)

               Dinkelsbühl, den 14.März 1935
                    Fehrmann
                    Hptw.
```

Dinkelsbühler Anordnung des Beflaggungsverbots für Juden (Stadtarchiv).

So eröffnete vier Tage danach die fünf Mann starke Dinkelsbühler Schutzmannschaft den genannten Israeliten, dass *aufgrund vorstehenden Schreibens und zur Aufrechterhaltung der öffentlichen Ruhe und Ordnung die Beflaggung der Häuser verboten wird.*

Dies betraf **Felix Klau, Felix Künzelsauer, Ludwig Ansbacher, Adolf Hamburger, Heinrich Strauß, Willi Birk** (wegen Abwesenheit seine Ehefrau), **Emil Hamburger,** seinen Bruder **Benno Hamburger, Heinrich Levite, Adolf Levite, Sigmund Schloßberger** und die Witwe **Emma Weinberger**.

1935 Zum jüdischen Flaggenverbot vom März 1935 erfolgte am 17. Oktober eine Erläuterung. Die *Dinkelsbühler Schutzmannschaft* wurde in Kenntnis gesetzt, dass unter Juden, die die Reichsflagge nicht hissen dürfen, *Personen zu verstehen sind, die von vier oder drei, der Rasse nach volljüdischen Großelternteilen, abstammen (Volljuden und Dreivierteljuden).*

Halbjuden durften dagegen die Flaggen aufziehen.

Besuch von Landesbischof Hans Meiser
Beschränkung der Religionsausübung

1935 Der Bayerische Landesbischof Hans Meiser, der sich in der NS-Zeit widersprüchlich verhielt, besuchte am 9. und 10. Februar 1935 Dinkelsbühl. Dazu erging von Stadtkommissär Dr. Killinger im Bezirksamt Dinkelsbühl eine Anordnung aufgrund der Verordnung vom 28.02.1933. Es waren verboten: Die Begrüßung im Refektorium, das feierliche Geleit vom Dekanat zur St. Paulskirche, die Besprechung mit Pfarrern, Pfarrfrauen und Pfarrtöchtern im Refektorium, das feierliche Blasen vom Turm, jedes Glockengeläute, die Ansprache in der St. Paulskirche. Gestattet wurden lediglich der Gottesdienst und Kindergottesdienst am Vormittag.

Der Dinkelsbühler Dekan Dr. Hilmar Schaudig merkte hierzu an: *Umso wichtiger erscheint ein Massenbesuch dieses Gottesdienstes [...] unserer Glaubensgenossen. Jeder bewusste Evangelische, der es halbwegs ermöglichen kann, wird es als eine Ehrenpflicht erachten, an diesem Gottesdienst teilzunehmen.*

Bürgermeister Rudolf Götz musste sich für den Besuch von Landesbischof Meiser an diesem Tag rechtfertigen, denn für den Abend des 10. Februars war eine Rede des stellvertretenden Gauleiters Karl Holz geplant.

(Stadtarchiv).

Besuch von Hermann Göring
1935 Der zweite Mann im III. Reich, Reichs-Feldmarschall Hermann Göring, hatte die Stadt 1934 zur Kinderzeche besucht und kam 1935 zum Frankentag. Er und seine Frau Edda wurden vor dem Deutschen Haus von der Kinderlore und Lorekindern begrüßt. Bürgermeister Rudolf Götz steht rechts hinter ihm in Uniform mit Amtskette.

Eine Judenkartei wird angelegt
1935 Wie von der Bayerischen Politischen Polizei in München angeordnet, wurde zum Stichtag 01.10.1935 auch in Dinkelsbühl eine *Judenkartei* in vierfacher Anfertigung *zur Erfassung der Juden in Deutschland* angelegt.

Amtswechsel: Vertretender Nazi-Bürgermeister Lechler
1935 Der 1. rechtskundige Bürgermeister Rudolf Götz und seine Familie wohnten im 2. Obergeschoss des Rathauses. Die Familie galt als mitfühlend, die viel Gutes tat, ohne überheblich zu sein. Die politische Haltung von Götz, im Amt von 1913 bis 1935, war völkisch-konservativ. Er gehörte zunächst dem Stahlhelm und der Deutschnationalen Volkspartei (DNVP) an, die bis 1924

stärkste Partei in Dinkelsbühl und Umland war. Im Februar 1925 wurde er Vorsitzender der neu gegründeten Ortsgruppe. Wie er selbst schrieb, kämpfte er gegen die rote Gewalt 1918 in Nürnberg bei Schneppenhorst, schloss sich 1919 mit 40 Dinkelsbühlern zur Befreiung Münchens dem Freikorps Epp an, war 1920 erneut in München. Er führte in Dinkelsbühl einen Kampf gegen den Schmachfrieden von Versailles, indem er entsprechende Tafeln an den Stadttoren anbringen ließ und hielt seine *schützende Hand über hiesige nationalsozialistische Bewegung*. Mancher bezeichnete das Rathaus als *Naziburg* und Götz als *Obernazi*, obgleich er kein Parteimitglied war. Tatsächlich stellte er die gesetzlichen Bestimmungen über die Partei: *Er schützte einen Kommunisten oder Juden genauso gegen persönliche Verunglimpfung wie einen Nazi, obwohl seine innere Einstellung [...] sicher gegen den Kommunismus und zumindest skeptisch gegenüber dem Judentum war, wohingegen er bis 1935 dem Nationalsozialismus Sympathie entgegenbrachte.* Sein Verhältnis zur NSDAP-Ortsgruppe und der Kreisleitung war seit 1933 gestört. Er war den Nazis nicht mehr genehm, über die Neubesetzung des Bürgermeisterpostens gab es schon im Sommer 1934 Gerüchte. Zwischen dem Leiter der NSDAP-Ortsgruppe Fritz Lechler und Bürgermeister Rudolf Götz gab es *Unstimmigkeiten*, Lechler warf ihm 1935 eine *Bespitzelung* seit 2 Jahren vor, was Götz abstritt, so dass *eine gedeihliche Zusammenarbeit zwischen Bürgermeister und Ortsgruppen- bzw. Kreisleitung nicht mehr möglich war.*

Lechler wollte das Bürgermeisteramt in Nazi-Hand bringen und entmachtete Götz zusammen mit Kreisleiter Ittameier in Wassertrüdingen durch Intrigen. Im September 1935 sickerte durch, dass dessen Frau Emmy Vierteljüdin war. Ihre Großmutter war bei der Heirat mit Justus von Liebig katholisch, aber gebürtige Jüdin, die mit Jean Paul (Richter) verwandt war.

Götz hatte erst 1934 von ihrer nichtarischen Abstammung erfahren. Er beschwerte sich am 18. September 1935 beim Staatsministerium des Innern: Es gebe Leute, *die den reinen Kampf des Nationalsozialismus gegen das Judentum missbrauchen, um ihre persönliche Rachsucht gegen Volksgenossen zu befriedigen.* Er stellte die Frage: *Darf der notwendige Kampf gegen die Verjudung des deutschen Volkes zu persönlicher Gehässigkeit herabgewürdigt werden?*

Die neue deutsche Gemeindeordnung sah zwei nationalsozialistische Beigeordnete des Bürgermeisters und zehn berufene Ratsherren vor. Unter Vorsitz von Kreisleiter Ernst Ittameier als Beauftragten der NSDAP wurde in der Sitzung am 18. Oktober 1935 *auf Wunsch des Gauleiters* der Ortsgruppenführer Lechler als 1. Beigeordneter gewählt. Dies, obwohl Götz erklärte, er könne mit ihm nicht vertrauensvoll zusammenarbeiten. Götz wandte sich vergeblich an den bayerischen Ministerpräsidenten Ludwig Siebert und an Gauleiter Julius Streicher.

Die Gauleitung entzog 1. Bürgermeister Rudolf Götz das Vertrauen, worauf er um die Versetzung in den Ruhestand ansuchte. Man beurlaubte ihn, die Amtsgeschäfte übergab er am 25. November 1935 an Fritz Lechler.

Unter den neu vereidigten zehn Ratsherren waren sechs bisherige, vier neue. Der Stadtrat beschloss den Ruhestand von Bürgermeister Rudolf Götz nach fast 23-jähriger Tätigkeit zum 1. Januar 1936. Sein Vertreter Fritz Lechler, berufen durch das Vertrauen des Gauleiters, wurde dann am 23. Juli 1937 feierlich in das Amt des 1. Bürgermeisters eingeführt.

Fritz (Friedrich) Lechler Fritz Lechler war Parteigenosse der NSDAP seit 1927, Träger des goldenen Parteiabzeichens und zuletzt SA-Obersturmführer. Bei der Entnazifizierung wurde er als minderbelasteter Mitläufer zu 3 Jahren Arbeitslager 1947-1950 verurteilt, jedoch vorzeitig entlassen. Als mildernde Umstände wurden Unterstützung von Juden und Befreiung politischer Gegner aus dem Konzentrationslager in mehreren Fällen angeführt.

Arischer Hausangestellte bei Birk und Schloßberger verboten

Durch das *Gesetz zum Schutze des deutschen Blutes und der deutschen Ehre* war es *den Juden vom 1.1.36 an verboten, arische weibliche Hausangestellte unter 45 Jahren zu beschäftigen.* In Dinkelsbühl traf das auf ein Dienstmädchen bei Willi Birk und ein Dienstmädchen bei Josef Schloßberger zu. Beide stellten einen Ausnahmeantrag, der abgelehnt wurde.

Schutzhaft für Amtsgerichtsrat Dr. Hensold

1936 Das Bezirksamt Dinkelsbühl forderte im Juni 1936 in einem Schreiben an den Präsidenten des Landgerichts Ansbach eine Schutzhaft gegen Amtsgerichtsrat Dr. Hensold.

Der stellvertretende Bürgermeister und Ortsgruppenleiter der NSDAP Fritz Lechler war danach persönlich auf dem Bezirksamt erschienen und hatte erklärt, *dass, falls nicht sofort die Anordnung von Schutzhaft gegen Oberamtsrichter Hensold erfolge, alsbald mit Gewalttätigkeiten gegen ihn durch erregte Volksmassen zu rechnen sei. Die Sache habe sich inzwischen herumgesprochen, und die Arbeiter verstünden nicht, dass gegen sie gegebenenfalls gleich mit Schutzhaft vorgegangen würde, während gegen einen Beamten damit gezögert werde.*

Wörnitzbrücke im Nazi-Schmuck am Frankentag 1936 (Stadtarchiv).

Nazi-Schmuck bei den Frankentagen am Hesselberg

1936 Auf Wunsch der *Gaupropagandaleitung Franken* wurde in Dinkelsbühl zum *Frankentag* auf dem Hesselberg, der im Juni 1936 zum fünften Mal stattfand, öffentlich von Samstagmittag bis Sonntag beflaggt. Dem sollte sich die Bevölkerung an ihren Häusern und Wohnungen anschließen.

Gauleiter Julius Streicher wollte den Berg zum *Mittelpunkt der nationalsozialistischen Bewegung im Gau Franken* machen. Eine entsprechende städtische Aufforderung erfolgte nun zu den jährlich stattfindenden Frankentagen, an denen Hetzparolen gegen Juden nicht ausblieben.

Juden dürfen bei Olympischen Spielen Hakenkreuz flaggen

1936 Im Juli 1936 erreichte Dinkelsbühl die vertrauliche Mitteilung des *Reichsführers SS [Staatssicherheit] und Chef der Deutschen Polizei im Reich* zur Beflaggung während der Olympischen Spiele, die im August in Berlin stattfinden sollten. Die Hitler-Regierung wollte beim Ausland den besten Eindruck hinterlassen: *Jüdische Privat- und Geschäftshäuser dürfen also aus Anlass der XI. Olympischen Spiele die Olympische Flagge und Flaggen der teilnehmenden ausländischen Nationen zeigen.*

Die im Handel erhältlichen Wimpelketten, die die Flaggen sämtlicher Teilnehmerstaaten, also auch Deutschlands enthalten, dürfen von Juden nur nach Entfernung des Hakenkreuzwimpels verwendet werden. Ich ersuche jedoch, nur dann wegen Verwendung der vollständigen Wimpelkette durch Juden einzuschreiten und die Entfernung des Hakenkreuzwimpels zu verlangen, wenn deswegen Zwischenfälle zu besorgen sind.

Davon wurde die Dinkelsbühler Schutzmannschaft in Kenntnis gesetzt.

Anzeigen wegen Nichtbeflaggung der Kirchen für Dekan Dr. Schaudig und Dekan Dr. Stiefenhofer

1936 Obwohl die Bayerische Politische Polizei im Oktober 1935 angeordnet hatte, *vorläufig von einer zwangsweisen Durchführung* der Beflaggung bei Kirchen und kirchlichen Gebäuden *Abstand zu nehmen,* kam es zum Eklat. Als wegen der Beisetzung eines Generals im Juni 1936 im Reich halbmast geflaggt werden sollte, wurde die Dinkelsbühler Schutzmannschaft von der Stadt angewiesen, dies zu überwachen.

Heiliggeistkirche und Dekanat 1937 (Stadtarchiv).

Hauptwachtmeister Kohler erstatte Meldung: *Bei Kontrolle um 11.15 Uhr wurde festgestellt, dass die St. Georgskirche, sowie die St. Paulskirche und das evangel. luth. Dekanatsgebäude nicht beflaggt waren.*

Der evangelische Dekan Dr. Hilmar Schaudig und der katholische Dekan Dr. Dionys Stiefenhofer wurden beim Amtsgericht Dinkelsbühl *zur Strafeinschreitung* angezeigt.

1937 Eine weitere Anzeige gegen den evangelischen Dekan Dr. Schaudig erfolgte, als er zum Frankentag am 19. und 20. Juni 1937 die kirchlichen Gebäude nicht beflaggen ließ. Er musste sich fügen.

Als die Stadt den evangelischen und katholischen Pfarrämtern die zum Reichsparteitag angeordnete Beflaggung vom 6. bis 15. September 1937 telefonisch mitteilte, wurde sie von den Kirchen vollzogen.

Juden müssen ihr Vermögen melden

1938 Am 26. April 1938 wurde die Anmeldung des Vermögens von Juden angeordnet. Eine solche Aufstellung erfolgte auch in Dinkelsbühl. Zu dieser Zeit lebten überwiegend arme Juden in der Stadt.

Die 72-jährige **Amalie Ascher** schenkte noch im April *ihrer lang-jährigen Stütze* **Marie Zieher** 3 600 Reichsmark. Da sie jetzt selbst weniger als 5 000 RM besaß, unterblieb ihre Vermögens-meldung. Daher wurde später amtlich nachgefragt.

Verstoß: Heimtückegesetz, Hitlergruß, Horst-Wessel-Lied

Die nationalsozialistische Gewaltherrschaft war umfassend. Das Nazitum war Staatsbürgerpflicht geworden.

1938 Der Gärtnereibesitzer Hauber in Obermeisling wurde im März 1938 wegen *Vergehen gegen das Heimtückegesetz* ange-zeigt. Er hatte sich in der Gastwirtschaft Schmidt in Segringen im Gespräch über den Anschluss Österreichs geäußert: *Dass er (der Führer) sich nur aus seinem Salzberg heraus getraut hat, dass sein Arsch nicht stinkend geworden ist.* Der Obersalzberg war Hitlers zweiter Regierungssitz und Führersperrgebiet.

Im Mai 1938 wurde auf dem Weinmarkt öffentlich ein Staatsakt aus Berlin übertragen, an dem Arbeiter und Angestellte örtli-cher Betriebe teilnehmen mussten. Unter ihnen war der Tape-zierer Josef Kühlwein, der den Hitlergruß nicht richtig durch-führte. Er wurde verwarnt.

Bericht des Polizei-Hauptwachtmeisters Nach Beendigung der Rede des Führers und Reichskanzlers ‚Adolf Hitler' wurde gemeinsam das Deutschland- und Horst-Wessel-Lied gesungen. Kühlwein hat die Lieder nicht mitgesungen und während der Dauer dieser beiden Lieder seine Tabakpfeife im Mund behalten. Die rechte Hand hatte dieser mit abge-beugten Arm nur bis zur Brusthöhe erhoben.

Kühlwein sagte aus, singen könne er nicht mehr; er be-streite, dass er die Pfeife im Mund behalten habe.

Ein Hesselberg-Lied zum Frankentag

1938 Im Wörnitz-Boten druckte man am 20. Juni 1938 anlässlich des Frankentags auf dem Hesselberg das *Hesselberg-Lied* von Fritz Hirschmann ab. Der Leser sollte es zum Absingen *aus-schneiden und für den Frankentag mitnehmen.*

Vers aus dem Hesselberg-Lied
Seitdem die Fahnen Hitlers weh´n
In Stadt und Dorf und Feld,
Seit Mob und Juden von uns geh´n
Zerstreut in alle Welt
Hat Julius Streicher seinem Berg
Den Frankentag geschenkt.

Jüdische Reisepässe werden eingezogen
1938 Im Vollzug der Verordnung vom Oktober 1938 mussten von Juden die in Dinkelsbühl ausgestellten Reisepässe an die Stadtverwaltung Dinkelsbühl zurückgegeben werden. Dies betraf Sarah Levite aus Ichenhausen sowie Max und Auguste Sommer aus Mannheim.

„Reichskristallnacht" und Exodus 1938

„Reichskristallnacht", Dinkelsbühler Nächte der Schande
9. und 10. November 1938 Das Attentat des 17-jährigen Juden Herschel Grynszpan am 7. November 1938 in Paris auf den deutschen Legationssekretär Ernst vom Rath hatte in Deutschland bereits am nächsten Tag vereinzelt zu Nazi-Aktionen geführt. Im *Völkischen Beobachter* war dazu am 8. November in drohendem Ton aufgefordert worden: *Es ist klar, dass das deutsche Volk aus dieser Tat seine Folgerung ziehen wird.*
Aber erst am späten Abend des 9. November wurde die *Nacht der deutschen Schande* in München durch Propagandaminister Josef Goebbels ausgelöst, nachdem ihn um 21 Uhr die Nachricht vom Tod des Legationsrats erreicht hatte. Er hielt anlässlich des Gedenkens an den Putsch vom 9. November 1923 eine antisemitische Hetzrede und kündigte weitere Aktionen des

Volkszorns an. Die Partei werde sie nicht organisieren, aber auch nicht behindern.

So teilte Gestapochef Müller seinen Stellen am 9. November um 23.55 Uhr u. a. mit, dass Aktionen gegen die Juden stattfänden, insbesondere gegen deren Synagogen. Die Aktionen seien nicht zu stören, es seien jedoch im Einvernehmen mit der Ordnungspolizei Plünderungen und sonstige Ausschreitungen zu unterbinden.

In Dinkelsbühl fanden dagegen bereits in den Morgenstunden des 9. Novembers Terroraktionen statt, die sich am 10. November wiederholten.

Dinkelsbühler Terroraktion am 9. Novembermorgen 1938 In Dinkelsbühl lief die erste Judenaktion bereits in der Frühe des 9. Novembers an, was vermutlich mit der Aufforderung im *Völkischen Beobachter* zusammenhing und damit, dass der stellvertretende Franken-Gauleiter Karl Holz am 13. November in der Schranne eine Großkundgebung abhalten sollte. Die Dinkelsbühler SA (Sturmabteilung) und Ortsgruppenleiter der NSDAP Bürgermeister Fritz Lechler wollten etwas vorzuweisen haben, nachdem in anderen Orten bereits solche Aktionen durchgeführt worden waren.

Nach Aussagen von Mittätern erfolgte die Dinkelsbühler Aktion in den frühen Morgenstunden mit zwei *Rollkommandos*. Gegen 5 Uhr wurden die Parteigenossen in der Novemberdunkelheit von einem SA-Mann aus dem Schlaf geläutet. Sie mussten sofort bei SA-Sturmführer Andreas Strebel antreten.

Das eine Rollkommando des frühen 9. Novembermorgens, bestehend aus 4-5 Leuten, marschierte zuerst zu den **Schloßbergers** in die Segringer Str. 44.

Hier lebten der 74-jährige Großvater **Sigmund**, sein Sohn **Josef** mit Frau **Martha** und deren drei Kinder, der 5-jährige **Jost**, der 4-jährige **Maximilian** und die 3-jährige **Beatrix**.

Josef Schloßberger war als politischer Gegner bekannt. In der Wohnung, die sich im 1. Obergeschoss befand, wurde *der junge Schloßberger [Josef] vom Sturmführer* geschlagen, auch seine

Frau Martha erhielt Schläge. Außerdem wurden kleinere Einrichtungsgegenstände zertrümmert. Einer der SA-Männer, der herumstand und nichts tat, wurde angefahren: *Du willst wohl nichts machen, du Feigling.*

Danach ging es zu den **Hamburgers** in die Lange Gasse 28, *wo sich das gleiche wiederholte.* Dort wohnte **Emil Hamburger**, der sich 1938 über die Ortsgruppenleitung beschwert hatte, und seine Frau **Lina** sowie deren Tochter **Helene**, die vorzeitig von der jüdischen Schule in Marktbreit zurückgekehrt war. Außerdem wohnten hier **Benno** und **Louise**, die Geschwister Emil Hamburgers.

Man verwüstete die Räume und warf Emil Hamburger in einen Spiegel, wobei er sich am Auge verletzte. Nach Meinung des Bezirksarztes war es verloren.

Erinnerungen von Tochter Helene, verh. Vered Die 13 ½ - jährige Tochter Helene, die erst wenige Tage zuvor aus ihrer Schule in Marktbreit heimgekommen war, musste den Terror miterleben: „Am Morgen des 9. November 1938 hat es plötzlich an der Tür geklopft. Ich bin wieder zu Hause gewesen und habe alles ganz genau gesehen. Ich war in meinem Zimmer und machte für einen Moment die Türe einen Spaltbreit auf und schaute ins Wohnzimmer. Darinnen stand meine Mutter. Ein Nazi gab ihr eine Ohrfeige, und einer nahm einen Stuhl und zertrümmerte die Lampe und den Spiegel. Mich sahen sie gar nicht. Die Tante [Louise Hamburger] und der Onkel [Benno Hamburger] gingen schnell in ihr Zimmer, die nach hinten hinaus lagen. Mein Vater [Emil Hamburger] war die Treppe runtergegangen [als es an der Haustür geklopft hatte]. Und da stand eine Horde vor der Tür, in Zivil und nicht in Uniform. Die haben meinen Vater geschlagen, sodass seine Augen rot waren. Die liefen die Treppe in den ersten Stock hoch, ins Wohnzimmer. Nach einigen Minuten waren sie wieder weg. Wir alle waren stumm vor Schock. Man hat uns dann gesagt, dass es keine Dinkelsbühler Männer gewesen wären, sondern Leute aus den umliegenden Orten.

Während dieses 9. November ließ der Bürgermeister Lechler meinen Vater zu sich ins Rathaus kommen. Der Lechler hat in der Schule sauber gemacht, und dann macht man ihn zum Bürgermeister. Er ist mit meinem Vater in die Klasse gegangen. Mein Vater hat gemeint, er sei wohl der Dümmste in der Klasse gewesen. Der Sohn vom Lechler war in meiner Klasse. Der Sohn vom früheren Bürgermeister, Götz hieß der, war auch da in meiner Klasse. Die sind dann weggezogen, zum Bodensee, glaube ich. Alle Honoratioren sind bei mir in der Klasse gewesen.

Am 9. November sagte der Lechler zu meinem Vater: Er gebe ihm einen guten Rat, er möge die Stadt sofort verlassen, sonst käme die Gestapo und würde ihn nach Dachau einliefern. Und er soll wegen der Stimmung in der Bevölkerung nicht am Dinkelsbühler Bahnhof in den Zug steigen, sondern erst in Dombühl.

…

Wir packten unsere Koffer. Wir mussten [am nächsten Tag, den 10. November] bis 3 Uhr weg, nachmittags. Wir hatten wunderschöne Antiquitäten-Möbel, zum Beispiel einen Schrank. Das haben die Nazis alles genommen, das durften wir nicht behalten.

Und da standen wir vor unserem Haus, jeder mit seinem Koffer, mit der Frage: „Wie kommen wir bloß zum Bahnhof ohne unseren Vater?" In der Gasse standen lauter Leute, die Nachbarn, und haben geschaut, wie wir weg mussten. Nur die eine Frau Herzog – es waren arme Leute, sie haben in der Klostergasse gewohnt, die Tochter war mit mir befreundet –, die hat laut gefragt: „Was macht man hier? Die Leute haben doch nichts getan? Warum müssen sie weg? Wieso vertreibt man denn die Juden?" Inwieweit sie deshalb Probleme gekriegt hat, weiß ich nicht. Ob jemand sie denunziert hat. Damals mussten ja selbst die Kinder ihre Eltern anzeigen, wenn die etwas gegen Hitler gesagt hatten. Jeder musste jeden anzeigen.

Neben unserem Haus hat zu dieser Zeit ein Gärtner gelebt. Der war der einzige, der uns geholfen hat, als wir weg

128

*mussten. Der hat zu uns gesagt, dass er uns seinen Leiter-
wagen leihe; wir sollten ihn einfach am Bahnhof stehen lassen, er würde ihn später abholen."*

Erinnerungen von Erna Kersting als Nachbarin *Die dane-
ben im Haus Lange Gasse 30 wohnende Zeitzeugin Erna
Kersting, damals 12 Jahre alt, erinnert sich: „Das war zwischen vielleicht halbsechs und sieben, so um diese Zeit.
Dann schaue ich durch das Fenster hinüber in die Küche.
Die vier [Hamburger]saßen am Tisch und haben geheult
und geschrien. Und dann sind noch Männer von Dinkelsbühl in der Küche herum und haben auf die eingeschlagen.
Dann habe ich meine Mutter geweckt, meinen Vater, habe
gesagt. Schau raus, was ist denn da los? Meine Mutter hat
hinübergeschaut, die hat mich gleich weggezogen und hat
gesagt: Ja, um Gottes Willen! Und ich habe dann noch einmal hinausgeschaut und habe dann gesehen, wie einer von
den Nazis eine Schüssel mit so einem Durchmesser [zeigt
mit den Händen] genommen hat. Der Benno, der saß so
am Tisch [macht eine in sich zusammengesunkene Körper-
haltung vor] und hat geheult, und der Kerl haut dem die
Schüssel von hinten auf dem Kopf. Der Benno hat geschrien, mein Gott na."*

Das andere Rollkommando des frühen 9. Novembermorgens
suchte die Familie **Weinberger/Birk** in die Elsassergasse 18
heim. Dort wohnten die 72-jährige Großmutter **Emma Weinberger**, ihr Schwiegersohn **Wilhelm Birk**, der sich gerade in der
Schweiz aufhielt, dessen Frau **Saly** und deren 12-jähriger Sohn
Kurt.
Anführer war Ortsgruppenleiter und Bürgermeister Fritz Lechler. Das Kommando bestand zunächst aus drei Mann, ein vier-
ter wurde um 5.30 Uhr geweckt und traf verspätet ein.
An der Haustüre, so berichtete dieser, *kamen schon die Gläser
die Treppe herunter geflogen*. Daraufhin kamen die drei SA-
Männer herunter und sagten zu ihm: *Da oben sind wir fertig*
und fragten ihn, warum er so spät komme.

Erinnerungen von Erna Kersting Die damals 12-jährige Zeitzeugin Erna Kersting erinnert sich: *Dann wollten wir [gleichaltrige Freundinnen] schauen, was an den anderen Judenhäusern ist. So um Zehne vielleicht. Der Kurt Birk, der war auch ein Jude, der ging auch mit mir zur Schule, dem sein Elternhaus war in der Elsassergasse. Und da drin war die Frau Birk, die hat geschrien, der haben sie die Haustür hineingeschlagen, das habe ich gesehen. Die Frau, die hat geschrien, das höre ich heute noch. Brennende Fackeln haben sie der Birk in den Hausgang hineingeschmissen, ja, so war es.*

Danach gingen sie zum 71-jährigen **Felix Künzelsauer**, der im Erdgeschoss von Haus Nr. 18 wohnte. Der verspätet zum Rollkommando Gekommene berichtete, er habe zu den anderen gesagt: *Was wollt ihr dem alten Mann tun, er hat doch noch niemand etwas getan. Dann sagten sie, aber aufstehen muss er auch, und ist ihm auch nichts weiter getan worden, nur der Lechler nahm den Maßkrug, wo auf dem Tisch stand, und warf ihn durchs Fenster, weil ich ihn nicht hinauswarf. Die Aktion war zu Ende, ehe es hell wurde.*

Der Stürmer brachte das Bild vom 71-jährigen Felix Künzelsauer vor dem Wörnitztor *„mit seinen paar Habseligkeiten"*. Drei seiner Söhne waren im Ersten Weltkrieg gefallen. Vermutlich eine Fotomontage.

Dinkelsbühler Terroraktion am 10. Novembermorgen
1938 Der Terror wiederholte sich zur gleichen Zeit in den Frühstunden des nächsten Tags. Am 10. November um 6.30 Uhr war *die Judenaktion noch in vollem Gange.* Es wird von aufgeschlitzten Federbetten erzählt, und das die Türe des Pinselfabrikanten **Heinrich Schabert** eingeschlagen wurden, weil er einen jüdischen Reisenden beschäftigte.

Man ging noch einmal zu den **Schloßbergers** in die Segringer Str. 44. Selma Ansbacher, die Schwester Josef Schloßbergers, bestätigte nach Kriegsende, dass ihr Bruder und ihre Schwägerin Martha *blutig geschlagen* worden seien.

Die Nazis suchten auch noch einmal die Familie **Weinberger/Birk** in der Elsassergasse 18 auf. Saly Birk, Sohn Kurt und die 72-jährige Großmutter Emma Weinberger wurden in den Nachthemden auf die Straße getrieben. Sie mussten sich vor ihrem Haus in der Elsassergasse aufstellen und wurden in schamloser Weise verspottet und fotografiert. Der 12-jährige Kurt wurde verprügelt, wohl anstelle seines verreisten Vaters.

Über **Amalie Ascher**, wohnhaft Nördlinger Str. 8, ist nichts bekannt.

An diesem Morgen des 10. Novembers wurden wahrscheinlich auch die Synagogenzimmer im Wohnhaus von **Adolf Hamburger**, Klostergasse 5, verwüstet. Die Torarollen und Gebetbücher wurden zum Fenster hinaus geworfen und auf der Straße verbrannt. Angezündet wurde diese Zimmersynagoge nicht, weil das Wohnhaus inmitten der Stadt stand.

Erinnerungen von Manfred Manfred Anson (Ansbacher),
der hier 1935 seine Bar Mizwa gefeiert hatte, schreibt darüber in einem Brief: *„Die Bürger schauten zu und haben nichts oder konnten nichts tun dagegen."*

Dinkelsbühler SA-Terror in Mönchsroth

In Mönchsroth lebten 1938 von der großen jüdischen Gemeinde nur noch die Familie **Schulmann** und die geachtete Familie **Levite**. Unter Anführung eines Studienrats führte die Dinkelsbühler SA am 9. November eine Terroraktion durch. Luis Levite wurde mit seiner Familie aus den Betten geholt und schwer misshandelt, seine Waren plünderte man. Die SA-Männer wollten auch die Mönchsrother Synagoge abbrennen, wurden aber von den benachbarten Hausbesitzern daran gehindert. Die zwei jüdischen Familien verließen nach dem Pogrom den Ort.

Dinkelsbühl ist „judenfrei"

10./11. November 1938 Nach den Ausschreitungen am 10. November, bei denen ein Teil der Einwohnerschaft billigend zusah, meldete sich die Mehrheit der Dinkelsbühler Juden im Einwohneramt ab, die letzten am 11. November. Der Auszug selbst dürfte überwiegend am 11. erfolgt sein.

In den Stadtratssitzungen waren die Ereignisse laut Protokoll kein Thema. Ob von der Stadtverwaltung Druck ausgeübt und der Exodus sämtlicher Juden erzwungen wurde, ist nicht belegt. Im Wörnitz-Boten wurde schon am 11.11.1938 die Meldung verbreitet, Dinkelsbühl sei *judenfrei*.

Bericht im Wörnitz-Boten *Auch Dinkelsbühl ist judenfrei! Die berechtigte Empörung über den jüdischen Meuchelmord in Paris, die sich spontan im ganzen Reiche Luft machte, hat sich gestern auch auf unsere Stadt übertragen, so dass es zu Demonstrationen gegen die wenigen noch hier ansässigen Juden kam. Daraufhin haben sich bis zum Abend auch die letzten Juden beim Einwohneramt abgemeldet und sind von hier fortgezogen, so dass nunmehr auch Dinkelsbühl zu den judenfreien Städten zählt.*

1938/1939 Als die Regierung von Oberfranken und Mittelfranken 1939 anfragte, *ob und wie viele Juden seit der Aktion am 10.11.1938 ausgewiesen wurden,* meldete Bürgermeister Fritz Lechler am 8. Februar 1939 ähnliches: *Am 10. November 1938 haben sämtliche in Dinkelsbühl vorhandene Juden – 18 einschl. Kinder – unter dem Druck der Verhältnisse die Stadt verlassen. Eine Ausweisung ist nicht erfolgt.* Lechler zählte die aus der

Schule in Marktbreit zurückgekommene **Helene Hamburger** oder den sich im Ausland aufhaltenden **Willi Birk** nicht dazu.

1938/1946 Nach dem Krieg meldete **Bürgermeister Karl Ries** im Jahr 1946 auf eine Anfrage des Landrats vom 22. Mai nicht ganz korrekt, denn einige Juden hatten schon am 10. ihre Heimat verlassen: *Am 11.11.38 mussten 19 Juden die Stadt verlassen, es waren die letzten.*

In der Tat war über die genauen Umstände in der Öffentlichkeit nur wenig bekannt geworden. Auch über die zwei Nächte der Schande und das eher neutrale Verhalten der Bürger*innen. In der Kleinstadt schwieg man sich gegenüber den amerikanischen Besatzern bei Personalien aus. So wurden im Stadtarchiv Stellen mit Namensnennungen aus der Tageszeitung herausgeschnitten.

Selbst in den Verhandlungen der Entnazifizierungs-Spruchkammer konnte der Hergang der beiden Dinkelsbühler Nazi-Novemberaktionen 1938 nur ungenau geklärt werden.

Nach dem Exodus

Nazi-Großkundgebung

1938 Zwei Tage nach dem jüdischem Exodus, am 13. November 1938, sprach im Schrannensaal der stellvertretenden Gauleiter Karl Holz in einer Großkundgebung. Er rechnete scharf mit den Judenhelfern ab.

Bericht im Wörnitz-Boten *Im Wörnitz-Boten vom 15.11.1938 heißt es: Karl Holz „rechnete scharf mit den Juden und ihren Helfern ab. Zum Schluss gratulierte der Stellv. Gauleiter unserem Ortsgruppenleiter und Bürgermeister mit einem Händedruck, dass Dinkelsbühl nun auch judenfrei geworden ist."*

Juden betreffende Verwaltungsmaßnahmen

1938 **Saly Birk** forderte am 08.12.1938 aus Obergimpen, Baden, die *Abmeldescheine* und für Sohn **Kurt Birk** einen *Auslandspass* an.

1939 Felix Israel Künzelsauer bat am 10. Januar 1939 um den Nachweis der deutschen Staatsangehörigkeit, den er für seine Anmeldung in München benötigte.

1939 Das Konzentrationslager Weimar-Buchenwald bat am 11. April 1939 *um umgehende Übersendung einer gebührenfreien großen standesamtlichen Geburtsurkunde* für **Julius Israel Levite**. Dinkelsbühl stellte die Urkunde aus, nachdem Levite einen Antrag auf Namensänderung (seit 1939 pflichtgemäß Israel) gestellt hatte.

1939 Gemäß Erlass vom 22. Februar 1939 wurden die Führerscheine von Juden eingezogen. Dinkelsbühl ersuchte den Landrat von Bad Mergentheim um Einziehung des Führerscheins von **Josef Schloßberger**, der jedoch inzwischen nach Frankfurt verzogen war. Der Führerschein wurde dort im Mai in Verwahrung genommen.

1939 Ein weiteres Schreiben der Stadt ging an den Landrat von Sinsheim, Baden, um den Führerschein von **Willi Birk** einzuziehen, der sich schon vor der „Reichskristallnacht" in der Schweiz aufgehalten hatte. Der Vorgang wurde dann der Gemeinde Bad Rappenau übermittelt.

Birk, der nun in der Viale Biceno 35 in Mailand wohnte und nicht mehr nach Deutschland zurückkehren wollte, schrieb am 29. Mai 1939: *Ich habe schon auf das Verlangen meiner Frau vor einiger Zeit zurückliegend versichern müssen, dass ich den verlangten Führerschein bei mir nicht mehr vorfinde, obwohl ich sorgfältig danach suchte. Es liegt daher kein Verschulden meinerseits vor, dass ich nicht in der Lage bin, den Führerschein zurückzugeben. Nachdem ich gezwungen war, mein Fahrzeug abzugeben und ich in absehbarer Zeit nicht mehr zu einem solchen komme, nützt mir ein von einer Deutschen Behörde ausgestellter Führerschein überhaupt nichts. Ich bin gezwungen mir einer neue Existenz in den Vereinigten Staaten von Nordamerika zu gründen, und müsste ich spätere Zeit doch eine neue Prüfung ablegen, wenn ich wieder einmal in der Lage kommen sollte, ein Fahrzeug steuern zu können. […] Ferner ist zu berücksichtigen, dass ich den Führerschein nicht verloren hätte und noch im Besitze desselben wäre, wenn ich ein geordnetes Leben hätte weiter leben können, wodurch man in der Lage war, auf seinen Besitz sorgfältig zu achten. Ich erinnere mich gut an meinen 3,5-jährigen Kriegsdienst, wo man heute nicht wusste, wo man sich morgen befinden würde, dadurch sind einem manche Habseligkeiten verloren gegangen. Ich bin leider gezwungen mit dieser Zeit Vergleiche zu ziehen. Auf alle Fälle ersuche ich die zuständige Deutsche Behörde, wegen einer solchen Lappalie meine Frau und auch mich wegen den Verlust des Führerscheins nicht zu büßen, denn es liegt wirklich kein Verschulden meinerseits vor.*

Anhang

Dinkelsbühler Schoah-Opfer

**19 Jüdinnen und Juden verloren am 10./11. November 1938 Dinkelsbühl als Heimat,
zehn von ihnen wurden nach dem Exodus
ermordet oder starben in Lagern**

Nach der Machtergreifung Hitlers 1933 wurde durch die nationalsozialistische Judenverfolgung die letzte Dinkelsbühler Judengemeinde zerstört. Die örtliche Führung der NSDAP hatte mit Unterstützung der Einwohner und der Landbevölkerung die Existenzbedingungen der Juden systematisch verschlechtert.

Am 1. Februar 1933 lebten 62 jüdische Personen in der Stadt, mit der „Reichskristallnacht" 1938 endete nach kaum sechs Jahren Hitlerdiktatur die rund 75-jährige Dinkelsbühler jüdische Bürgergeschichte. Die Einschüchterung durch die Übergriffe auf Leib und Leben, verbunden mit der Androhung weiterer Maßnahmen, ließ sämtliche Juden von einem Tag auf den anderen ihre Heimat verlassen. Sie hatten in dieser Stadt keine Hoffnung auf Zukunft.

Damals verloren 19 jüdische Dinkelsbühler ihre Heimat, 7 Frauen, 7 Männer, 2 Mädchen und 3 Jungen, wobei 1 Mann, Willi Birk, sich gerade in der Schweiz aufhielt. Davon wurden zehn gebürtige Dinkelsbühler ermordet oder starben im Lager. Auch diejenigen jüdischen Dinkelsbühlerinnen und Dinkelsbühler, die sich ins Ausland retten konnten und das Nazi-Regime überlebten, sind Schoah-Opfer. Angegeben ist der letzte Dinkelsbühler Wohnsitz.

Ascher, Amalie
Nördlinger Str. 8.

Birk, **Willi**, hielt sich im Ausland auf
Birk, Saly, geb. Weinberger, Ehefrau
Saly Birk erlitt den Schoah-Tod im Tötungslager Auschwitz, † 10.08.1942.
Birk, Kurt, Sohn
Elsassergasse 18.

Hamburger, Adolf
Adolf Hamburger verstarb im Internierungslager Gurs, Südfrankreich, an Typhus, † 16.02.1943.
Hamburger, Klara, geb. Adler, Ehefrau
Klara Hamburger erlitt den Schoah-Tod vermutlich auf dem Transport ins Tötungslager Auschwitz, † 1941.
Klostergasse 5.

Hamburger, Emil
Hamburger, Lina, geb. Reis, Ehefrau
Hamburger (verh. Vered), Helene, Tochter
Hamburger, Louise, Schwester von Emil

Louise Hamburger erlitt den Schoah-Tod im Transitghetto Theresien-
stadt, † 20.10.1942.
Hamburger, Benno, Bruder von Emil
Lange Gasse 28.

Künzelsauer, Felix
Elsassergasse 18.

Schloßberger, Sigmund
Schloßberger, Josef, Sohn von Sigmund
Josef Schloßberger erlitt den Schoah-Tod in der Tötungsstätte
Raasiku, Reval, † 24./26.09.1942.
Schloßberger, Martha, geb. Strauß, Ehefrau von Josef
Martha Schloßberger erlitt den Schoah-Tod in der Tötungsstätte
Raasiku, Reval, † 24./26.09.1942.
Schloßberger, Jost, Sohn
Jost Schloßberger erlitt den Schoah-Tod in der Tötungsstätte Raasiku,
Reval, † 24./26.09.1942.
Schloßberger, Max, Sohn,
Max Schloßberger erlitt den Schoah-Tod in der Tötungsstätte
Raasiku, Reval, † 24./26.09.1942.
Schloßberger, Beatrix, Tochter,
Beatrix Schloßberger erlitt den Schoah-Tod in der Tötungsstätte
Raasiku, Reval, † 24./26.09.1942.
Segringer Str. 44.
Weinberger, Emma
Emma Weinberger starb im Internierungslager Gurs, Südfrankreich,
wohl an Typhus, † 12.07.1943.
Elsassergasse 18.

26 Jüdinnen und Juden mit ehemaligem Dinkelsbühler Wohnsitz wurden ermordet oder starben in Lagern
(Angegeben ist die letzte Dinkelsbühler Adresse)

Ansbacher, Heinz Joachim, * 24.12.1925 in Dinkelsbühl; Altrathausplatz 11, verzogen 1937; † 01.08.1942 im Konzentrationslager Majdanek.

Bär, Gertrud, * 17.08.1888 in Windsbach; Steingasse 7, verzogen
1918; † 24.03.1942 im Transitghetto Izbica, Polen.

Birk, Saly, geb. Weinberger, * 15.08.1900 in Unterdeufstetten; Elsassergasse 18, verzogen 1938; 1940 im Internierungslager Gurs, Südfrankreich, † 10.08.1942 im Tötungslager Auschwitz.

Frank, Senta, geb. Levite, * 24.06.1871 in Mönchsroth, wohnhaft in Dinkelsbühl, wollte 10.04.1934 nach New York auswandern. 1942 im Transitghetto Theresienstadt, † 26.09.1942 im Tötungslager Treblinka (Quelle: Yad Vashem).

Gutmann, Klara, * 19.07.1866 in Kleinsteinach, Haßfurt; Lange Gasse 30, verzogen 1924; 1942 im Transitghetto Theresienstadt, † 29.09.1942 im Tötungslager Treblinka.

Hamburger, Adolf, * 18.02.1876 in Dinkelsbühl; Klostergasse 5, verzogen 1938; 1940 im Internierungslager Gurs, Südfrankreich, † 16.02.1943 an Typhus im Internierungslager Gurs, Südfrankreich.

Hamburger, Klara, geb. Adler, * 14.07.1884 in Burgpreppach, Hofheim; Klostergasse 5, verzogen 1938; 1940 im Internierungslager Gurs, Südfrankreich, † 1941 vermutlich auf dem Transport ins Tötungslager Auschwitz.

Hamburger, Louise, * 07.04.1876 in Dinkelsbühl; Lange Gasse 28, verzogen 1938; † 20.10.1942 im Transitghetto Theresienstadt.
Hamburger, Marta Sarah, * 12.01.1922 in Dinkelsbühl, Klostergasse 5, verzogen 1938; Berlin, † verm. 1942 im Konzentrationslager Majdanek.

Hamburger, Moritz, * 16.12.1865 in Dinkelsbühl; Klostergasse 5, verzogen 1925; 1940 im Internierungslager Gurs, Südfrankreich, † 05.11.1940 an Typhus.

Künzelsauer, Isaak, * 29.10.1895 in Unterdeufstetten, Ledermarkt 4, verzogen 1933; † 1943 im Konzentrationslager Majdanek.

Levite, Adolf, * 08.11.1873 in Mönchsroth; Lange Gasse 10, verzogen 1936; 1942 Transitghetto Theresienstadt, † 16.05.1944 im Tötungslager Auschwitz.

Levite, Heinrich, * 30.01.1877 in Mönchsroth; Lange Gasse 10, verzogen 1936; † 26.04.1942 im Transitghetto Izbica, Polen.

Levite, Julius, * 10.07.1910 in Dinkelsbühl; Lange Gasse 10, verzogen 1933; † 09.11.1939 Konzentrationslager Buchenwald.

Levite, Heinz Joseph, * 09.09.1924 in Dinkelsbühl; Lange Gasse 10, verzogen 1936: † 23.08.1942 im Konzentrationslager Majdanek.

Levite, Max, * 28.10.1878 in Mönchsroth; Elsassergasse 16, verzogen vor 1900; † 22.08.1942 im Transitghetto Theresienstadt.

Levite, Sarah, geb. Mayer, * 16.03.1885 in Mönchsroth; Lange Gasse 42, verzogen 1935; † 03.04 1942 im Transitghetto Piaski, Polen.

Levite, Sarah Sophie, geb. Heumann, * 03.12.1882 in Braunsbach; Lange Gasse 1C, verzogen 1936; † 26.04.1942 im Transitghetto Izbica, Polen.

Levite, Sidonie, geb. Strauß, * 21.06.1886 in Gedern, Schotten; Lange Gasse 10, verzogen 1936; 1942 im Transitghetto Theresienstadt, † 16.05.1944 im Tötungslager Auschwitz.

Schloßberger, Beatrix, * 05.07.1935 in Dinkelsbühl; Segringer Str. 44, verzogen 1938; † 24./26.09.1942 in der Tötungsstätte Raasiku, Reval.

Schloßberger, Palma Betti, * 10.03.1894 in Wachbach, Mergentheim; Segringer Str. 44, mehrmals verzogen ab 1920, zuletzt 24.08.1936 nach Nördlingen bzw. Frankfurt; † 1942 im Transitghetto Izbica, Polen.

Schloßberger, Josef, * 20.04.1899 in Wachbach, Mergentheim; Segringer Str. 44, verzogen 1938; † 24./26.09.1942 in der Tötungsstätte Raasiku, Reval.

Schloßberger, Jost Jakob, * 21.02.1933 in Dinkelsbühl; Segringer Str. 44, verzogen 1938; † 24./26.09.1942 in der Tötungsstätte Raasiku, Reval.

Schloßberger, Martha, geb. Strauß, * 28.07.1904 in Markelsheim; Segringer Str. 44, verzogen 1938; † 24./26.09.1942 in der Tötungsstätte Raasiku, Reval.

Schloßberger, Maximilian, * 18.02.1934 in Dinkelsbühl; Segringer Str. 44, verzogen 1938; † 24./26.09.1942 in der Tötungsstätte Raasiku, Reval.

Weinberger, Emma, geb. Katzauer, * 24.08.1866 in Obergimpern; Elsassergasse 18, verzogen 1938; 1940 im Internierungslager Gurs, Südfrankreich, † 12.07.1943 in Gurs.

Dinkelsbühl gebürtige 42 Jüdinnen und Juden
1855 - 1935

Ansbacher, Heinz Joachim
* 24.12.1925 in Dinkelsbühl, Segringer Str. 9; zuletzt Altrathausplatz 11, verzogen 19.06.1937 nach Frankfurt a. Main.

Ansbacher, Manfred Alexander
* 14.02.1922 in Dinkelsbühl, Segringer Str. 44; zuletzt Altrathausplatz 11, verzogen 16.04.1936 nach Ahlem, Hannover, ausgewandert nach England, Australien, USA.

Ansbacher, Sigrid
* 02.04.1928 in Dinkelsbühl, Segringer Str. 9; zuletzt Altrathausplatz 11, verzogen 19.06.1937 nach Frankfurt a. Main, ausgewandert nach USA.

Baer, Ferdinand
* 30.08.1929 in Dinkelsbühl, Nestleinsberggasse 20; zuletzt Pfluggasse 12, ausgewandert 01.11.1933 nach Antwerpen.

Bertheim, Berta, geb. Levite
* 02.05.1910 in Dinkelsbühl, verm. Nördlinger Str. 5; zuletzt Marktplatz 2, verzogen 05.02.1934 nach Berlin, ausgewandert 24.08.1934 nach New York.

Birk, Kurt
* 19.06.1926 in Dinkelsbühl, verm. Weinmarkt 11; zuletzt Elsassergasse 18, verzogen 10.11.1938, ausgewandert nach USA.

Erlebacher, Auguste, geb. Levite
* 21.07.1903 in Dinkelsbühl, Elsassergasse 16; ausgewandert nach USA.

Frank, Senta, geb. Levite
* 22.07.1918 in Dinkelsbühl, verm. Nördlinger Str. 5; zuletzt Marktplatz 2.

Hamburger, Adolf
* 18.02.1876 in Dinkelsbühl, Klostergasse 5; verzogen 11.11.1938 nach Pforzheim.

Hamburger, Benno
* 20.06.1878 in Dinkelsbühl, Lange Gasse 28; verzogen am 10.11.1938 nach Frankfurt a. Main.

Hamburger, Elsa
* 26.09.1900 in Dinkelsbühl, Lange Gasse 30; verzogen 19.11.1919 nach Nürnberg, in Dinkelsbühl zuletzt Lange Gasse 30, verzogen 06.06.1923 nach Pforzheim.

Hamburger, Emil
* 07.07.1880 in Dinkelsbühl, Lange Gasse 28; verzogen 10.11.1938 nach Frankfurt a. Main, ausgewandert 1939 nach Israel.

Hamburger Helene
* 05.09.1925 in Dinkelsbühl, Lange Gasse 28; ausgewandert 1939 nach Israel.

Hamburger, Louise
* 07.04.1876 in Dinkelsbühl, Lange Gasse 28; verzogen 10.11.1938 nach Frankfurt a. Main.

Hamburger, Martha Sarah
* 12.01.1922 in Dinkelsbühl, Klostergasse 5; verzogen 06.09.1938 nach Stuttgart, Berlin.

Hamburger, Moritz
* 16.12.1865 in Dinkelsbühl, Lange Gasse 30; verzogen November 1925 nach Pforzheim.

Hamburger, Senta
* 29.06.1929 in Dinkelsbühl, Lange Gasse 28; † 02.12.1932 in Dinkelsbühl.

Jordan, Doris
* 19.12.1893 in Dinkelsbühl, Schreinersgasse 5; zuletzt Ledermarkt 4, ausgewandert 26.08.1937 nach Nymwegen (Holland).

Jordan, Irma
*27.03.1889 in Dinkelsbühl, Schreinersgasse 5.

Jordan, Julius
* 16.09.1895 in Dinkelsbühl, Schreinersgasse 5; verzogen 01.03.1921 nach Würzburg.

Jordan, Klara
* 24.05.1890 in Dinkelsbühl, Schreinersgasse 5; zuletzt Ledermarkt 3, ausgewandert 26.08.1937 nach Nymwegen (Holland).

Jordan, Thekla
* 25.07.1891 in Dinkelsbühl, Schreinersgasse 5.

Jordan, Willi
* 05.01.1888 in Dinkelsbühl, Schreinersgasse 5; zugezogen 01.07.1920 von Frankfurt, verm. zuletzt Schreinersgasse 5, weggezogen 25.08.1922 nach Stuttgart.

Levite, Arthur
* 29.01.1920 in Dinkelsbühl, Lange Gasse 10; † 18.10.1930 in Dinkelsbühl.

Levite, Benno
* 08.06.1886 in Dinkelsbühl, Elsassergasse 16.

Levite, Ferdinand,
* 25.03.1909 in Dinkelsbühl, verm. Segringer Str. 43; † 19.04.1909 in Dinkelsbühl.

Levite, Friedrich
* 17.03.1906 in Dinkelsbühl, Elsassergasse 16; zuletzt Lange Gasse 10, ausgewandert 07.02.1936 nach USA.
Levite, Heinz Joseph
* 09.09.1924 in Dinkelsbühl, geb. Elsassergasse 16; zuletzt Lange Gasse 10, verzogen 29.06.1936 nach Schwabach.

Levite, Herta
* 22.06.1907 in Dinkelsbühl, verm. Nördlinger Str. 5; ausgewandert 16.11.1927 nach USA.

Levite, Julius
* 10.07.1910 in Dinkelsbühl, verm. Segringer Str. 43; zuletzt Lange Gasse 10, verzogen 24.06.1933.

Levite, Martin
* 26.06.1912 in Dinkelsbühl, verm. Nördlinger Str. 5; zuletzt Nördlinger Str. 5, verzogen 30.04.1928 nach Ansbach, ausgewandert 1929 nach New York.

Levite, Meta
* 16.11.1911 in Dinkelsbühl, verm. Segringer Str. 43; zuletzt Lange Gasse 10, verschiedene Aufenthalte, zuletzt 02.10.1934 nach Straßburg, ständiger Wohnsitz Dinkelsbühl.

Levite, Senta
* 14.01.1921 in Dinkelsbühl, Elsassergasse 16; zuletzt Lange Gasse 10, ausgewandert 27.10.1933 nach Luxemburg.

Mannheimer, Emma
* 16.01.1855 in Dinkelsbühl, Weinmarkt 3; verzogen nach Feuchtwangen, ausgewandert 1864/1865 nach USA.

Possenheimer, Fanny, geb. Levite
* 07.12.1887 in Dinkelsbühl, Elsassergasse 16; verzogen nach Fischach, verheiratet in Burgkunstadt.

Reutlinger, Johanna, geb. Hamburger
* 05.10.1899 in Dinkelsbühl, Klostergasse 5; verzogen 10.02.1923 nach Pforzheim.

Schloßberger, Beatrix
* 05.07.1935 in Dinkelsbühl, Segringer Str. 44; verzogen 10.11.1938 nach Markelsheim, Frankfurt a. Main.

Schloßberger, Jost Jakob
* 21.02.1933 in Dinkelsbühl, Segringer Str. 44; verzogen 10.11.1938 nach Markelsheim, Frankfurt a. Main.

Schloßberger, Maximilian
* 18.02.1934 in Dinkelsbühl, Segringer Str. 44; verzogen 10.11.1938 nach Markelsheim, Frankfurt a. Main.

Stern, Klara, geb. Hamburger
* 1871 in Dinkelsbühl, Klostergasse 5; Bad Brückenau, ausgewandert nach USA.

Strauß, Berta Inge
* 10.09.1929 in Dinkelsbühl, Lange Gasse 9; zuletzt Altrathausplatz 11, verzogen 02.05.1938 nach Berlichingen (Künzelsau).

Waker, Wilhelm (Willy)
* 13.12.1891 in Dinkelsbühl, Steingasse 7; verzogen 27.08.1918 nach München.

Jüdische Teilnehmer des Ersten Weltkriegs

Insgesamt nahmen zehn jüdische Dinkelsbühler Bürger am Ersten Weltkrieg teil, drei von ihnen wurden Kriegsopfer und fielen für ihr Vaterland Deutschland, zwei verließen Dinkelsbühl nach den Schandnächten am 9. und 10. November 1938.

Willi Birk, * 28.06.1898 in Laudenbach, Karlstadt, wohnte zuletzt in der Elsassergasse 18. Er übernahm 1927 die Farben- und Lackfabrik seines Schwiegervaters. Im November 1938 hielt er sich in der Schweiz auf.

Emil Hamburger, * 07.07.1880 in Dinkelsbühl, gehörte die Hälfte des Hauses Lange Gasse 28, wo er auch wohnte. Er handelte mit Leinen- und Wäschewaren im Laden- und im Hausiergeschäft. Er wurde morgens vor der „Reichskristallnacht" am 9. November 1938 misshandelt und verzog.

Julius Jordan, * 16.09.1895 in Dinkelsbühl, wohnte bei seinen Eltern in der Schreinersgasse 5. Er war noch zur Wehrmacht einberufen worden. Nach dem Krieg handelte er mit Zigarren, als Unteraufkäufer für Getreide, Heu und Stroh, zuletzt mit Obst. Er verzog 1921.

David Löw Levite, * 03.02.1885 in Mönchsroth, zog mit den Eltern 1886 nach Dinkelsbühl, Elsassergasse 16. Er kam am 20.09.1918 aus dem Krieg zurück und wohnte später Lange Gasse 10. Er war Kaufmann, die Firma Levite und Söhne und war u. a. im Futter- und Viehhandel und Immobilienhandel tätig.

Er betätigte sich politisch und saß 1933 zweimal in Feuchtwangen in Schutzhaft. Am 19. Februar 1935 stellte das Finanzamt Dinkelsbühl fest: Der *aus der Strafhaft entlassene Kaufmann David Levite von Dinkelsbühl schuldet persönlich keine Steuern an das FA. D. Es sind jedoch an das FA. Ansbach zu zahlende Strafvollzugskosten im Betrage von etwa 2 000 RM rückständig.* Er wanderte April 1935 nach Palästina aus.

Heinrich Levite, * 30.01.1877 in Mönchsroth, war Bruder von David Löw Levite und zog mit den Eltern 1886 nach Dinkelsbühl in die Elsassergasse 16. Die Firma Levite und Söhne war u. a. im Futter- und Viehhandel und Immobilienhandel tätig.
Er wurde *wegen hervorragender Tätigkeit und besonderer Leistung* im Krieg geehrt. In den Ehrenblättern der heimgekehrten Krieger heißt es: *Herr Heinrich Levite, Sergeant aus Dinkelsbühl, Amt Mittelfranken, [...] war Mitkämpfer im Ringen des Reiches Bestand und des deutschen Volkes Ehre und Ruhm in den Jahren des großen Krieges 1914-1918, zuletzt als Sergeant.*
Er wohnte außerdem Untere Schmiedgasse 6, Segringer Str. 43, Lange Gasse 10. Er verzog 1936.

Die Brüder **Julius, Gustav, Louis und Siegfried Künzelsauer,** zogen mit ihren Eltern 1912 von Unterdeufstetten nach Dinkelsbühl. Die elterliche Wohnung war in der Turmgasse 12, Ellwanger Str. 8 und Schreinersgasse 19.
Julius Künzelsauer, * 25.02.1893 in Unterdeufstetten, fiel am 17.07.1918 in Belgisch Flandern.
Gustav Künzelsauer, * 04.03.1894 in Unterdeufstetten, fiel am 30.08.1918 bei Bettborn.
Louis Künzelsauer, * 27.07.1897 in Unterdeufstetten, fiel am 14.02.1917 in Allies.
Siegfried Künzelsauer, * 28.08.1899 in Unterdeufstetten, war Kaufmann und verzog 1922.

Josef Schloßberger, * 20.04.1899 in Wachbach, zog mit den Eltern 1905 nach Dinkelsbühl in das Haus Segringer Str. 44 und wurde Kaufmann. Er wurde mit dem Eisernen Kreuz 1. Klasse ausgezeichnet. Vater Sigmund Schloßberger hatte das Haus erworben.
Er verzog am 10. November 1938 und wurde 1942 von den Nazis umgebracht.

Judenwohnungen in der Altstadt Dinkelsbühl von 1636 bis zur Vertreibung 1938

Judenwohnungen in der Altstadt gibt es vermutlich seit mehr als 700 Jahren. Als Ausnahme unter den Reichsstädten hatten Schutzjuden in Dinkelsbühl von 1636 bis 1712 ihren Wohnsitz, und bereits ab 1786, also nach zwei Generationen, gab es wieder vereinzelt „Wohnjuden" in der Stadt. Im nachfolgenden Königreich Bayern hatte in Dinkelsbühl zwar wegen der Judenmatrikeln zwischen 1813 und 1861 kein Jude ein Heimatrecht, dennoch wohnten hier etwa 18 Juden mit wechselnden Hausadressen, teilweise mit Familie. Die Ansässigmachung setzte erst mit der Matrikelabschaffung im Jahr 1861 ein.

In den rund 150 Jahren zwischen 1786 und dem Exodus 1938 wohnten nachweislich in 120 Dinkelsbühler Altstadthäusern Juden. Das ist nahezu ein Fünftel aller Wohngebäude. Dies mag in einer Kleinstadt, in der jeder über jeden Bescheid wusste, zu einem friedfertigen Miteinander beigetragen haben.

Einen Schwerpunkt mit 40 Häusern bildete das Rothenburger Viertel mit den Gassen zwischen Dr.-Martin-Luther-Straße und Bauhofstraße und den Hang hinauf.

In den drei langen Dinkelsbühler Straßen Lange Gasse, Nördlinger Straße und Segringer Straße waren es 34 Häuser, das ist mehr als ein Viertel der Wohnungen.

Im Stadtzentrum selbst, vom Altrathausplatz über Ledermarkt und Marktplatz bis zum Weinmarkt und einschließlich Klostergasse und Turmgasse, befanden sich mit 18 Häusern ein Sechstel der Judenwohnungen.

In manchen Häusern sind gleichzeitig zwei oder drei jüdische Familien festzustellen. Manche Personen zogen mehrmals um sind deshalb in verschiedenen Häusern aufzufinden. So wohnte die ledige Fanny Benjamin zwischen 1921 und vor der Reichpogromnacht 1938 in sieben Häusern. Felix Künzelsauer wechselte zwischen 1912 und 1938 fünfmal die Wohnung, zeitweise mit elf Kindern.

Hinweise zur Liste

19. Jahrhundert: Das angegebene Wohnjahr ist nicht unbedingt das Einzugsjahr. 20. Jahrhundert: Das angegebene Wohnjahr ist in der Regel das Einzugsjahr. Zusätzlich wird in einem kursiv gesetzten Anhang festgehalten, welche jüdische Personen unmittelbar nach den Novemberpogrom 1938 ihre Dinkelsbühler Heimatstadt verlassen mussten

beziehungsweise in den nachfolgenden Jahren von Nazis ermordet wurden: † ermordete Einwohner, **†** ermordeter gebürtige Dinkelsbühler.

Altrathausplatz 11
1929 bewohnt von **Ludwig Ansbacher** mit Familie. **1930** bewohnt von **Leopold Strauß** mit Familie. **1931** bewohnt von **Heinrich Strauß** mit Familie.
† Heinz Joachim Ansbacher (geb. 14.02.1925 in Dinkelsbühl), Sohn von Ludwig und Selma Ansbacher, geb. Schloßberger, verzogen 19.06.1937 nach Frankfurt a. Main, wurde ermordet im Konzentrationslager Majdanek am 01.08.1942.
Altrathausplatz 12
1805 bewohnt von **Jakob Marx** aus Schopfloch.
Altrathausplatz 13
1932 bewohnt von **Max Sommer** mit Familie aus Wittelshofen.

Bauhofstraße 15
1657 kauft der jüdische Dinkelsbühler Schutzverwandte **Mosche** das „Judenhaus Frommele" Nr. 15. Danach besitzt es sein Sohn **Abraham Frommelein**. Dieser handelt mit der Reichsstadt für sich und seinen Sohn Lazar 1675 die lebenslange Schutzverwandtschaft aus. **Moschi Frommele**, ebenfalls ein Sohn Abrahams, besitzt es dann von 1677 bis zum Verkauf **1713**.
Bauhofstraße 33
1811 bewohnt von **Jakob Marx** aus Schopfloch.

Christoph-von-Schmidgasse 2
1892 bewohnt von Handelsmann **Elias Kronheimer**.

Deutschhofberg 2
1883 angemietet von Handelsmann **Abraham Koch**.

Dr.-Martin-Luther-Straße 5
1856 bewohnt von **Moses Samuel Bernheimer** aus Schopfloch.
Dr.-Martin-Luther-Straße 21
1851 bewohnt von **Israel Freundlich** aus Wittelshofen. **1851** bewohnt von dessen Bruder **Haium Freundlich**. **1851** bewohnt von **Jakob Marx** aus Mönchsroth.

Drysatz 4
1905 genutzt von Viehhändler **Hermann Levite** aus Mönchsroth.
Nach **1921** genutzt von **Ludwig Ansbacher**.

Elsassergasse 1 und 3
1832-1833 bewohnt von **Samuel und Idel Gutmann**. **1877-1894** bewohnt von Kaufmann **Seligmann Hamburger**.
Elsassergasse 4
1863 bewohnt von Handelsmann **Amson Ascher**. **1863** bewohnt von
Daniel Löw Levite aus Mönchsroth.
Elsassergasse 8
1928 bewohnt von **Ferdinand Baer** mit Familie.
Elsassergasse 9
1923 genutzt von **Wilhelm Birk** (Inhaber der Firma Weinberger, Lack-
und Farbenfabrik).
Elsassergasse 10
1932 bewohnt von **Adolf Levite** mit Familie.
Elsassergasse 13
1880 bewohnt von Haium Kronheimer aus Schopfloch.
Elsassergasse 16
1886 ersteigert von Handelsmann (Viehhandel) **Veis Levite** aus
Mönchsroth. **1903** bewohnt von dessen Witwe **Lina,** geb. **Leiter,** mit
neun Kindern. **1905** bewohnt von Sohn **Adolf Levite und Johanne,**
geb. **Dick** und Familie. **1923** heiratet Adolf Levite seine 2. Frau **Sidonie Strauß.**
*† Amalia Frank, Tochter von Veis und Lina Levite, heiratet Frank aus
Edelfingen, war 1942 im Transitghetto Theresienstadt, wurde am
26.09.1942 im Tötungslager Treblinka ermordet.*
*† Max Levite, Sohn von Veis und Lina Levite, verzogen vor 1900 wurde
ermordet am 22.08.1942 im Transitghetto Theresienstadt.*
Elsassergasse 17
1923 genutzt als Lagerhaus von **Wilhelm Birk** (Inhaber der Firma
Weinberger, Lack- und Farbenfabrik).
Elsasser Gasse 18
1904 erworben von **Willy Wolf Weinberger** von Unterdeufstetten
(Württemberg), **1905** bewohnt mit Frau **Emma** und Kindern **Eugen,
Elsa und Saly** bewohnt mit Familie. **1911** bewohnt von Kommis **Theo-
dor Gausmann**. **1923** bewohnt von **Wilhelm Birk** (Inhaber der Firma
Weinberger, Lack- und Farbenfabrik) mit Familie. **1929** bewohnt von

Elsa Feldmann, geb. Weinberger. **1938** bewohnt von **Felix Künzel-sauer**.

✝ *Emma Weinberger, geb. Katzauer, Ehefrau von Willy Weinberger, verzogen 1938, wurde ermordet im Internierungslager Gurs, Süd-frankreich, am 12.07.1943.*

Wilhelm Birk verlor nach den zwei Dinkelsbühler Pogromnächten die Heimat am 10./11.November 1938. Er befand sich damals in der Schweiz und wanderte in die USA aus.

✝ *Saly Birk, geb. Weinberger, Ehefrau von Wilhelm Birk, wurde nach den zwei Dinkelsbühler Pogromnächten vertrieben und verlor die Hei-mat am 10./11 November 1938. Sie wurde ermordet im Tötungslager Auschwitz am 10.08.1942.*

Sohn Kurt Birk wurde nach den zwei Dinkelsbühler Pogromnächten vertrieben und verlor die Heimat am 10. oder11. November 1938. Er wanderte in die USA aus.

Felix Künzelsauer wurde nach den zwei Dinkelsbühler Pogromnächten vertrieben und verlor die Heimat am 10. oder11. November 1938. Er starb 01.02.1940 im israelitischen Altersheim in München.

Elsassergasse 22
1843 bewohnt von Handelsmann **Bär Isaak Herbst** aus Schopfloch.

Fladergasse 7
1888 angemietet von Handelsmann **Abraham Koch** aus Nördlingen.
Fladergasse 13
1857 bewohnt von Handelsmann **Bär Isaak Herbst** aus Schopfloch.
1895 von Handelsmann **Elias Kronheimer** aus Schopfloch. **1895** be-wohnt von Handelsmann **Salomon Schulmann** aus Mönchsroth.
Fladergasse 17
1888 angemietet von Handelsmann **Abraham Koch**.

Föhrenberggasse 2
1808 bewohnt von **Jakob Marx** aus Schopfloch.
Föhrenberggasse 18
1811 bewohnt von **Abraham Jakob** aus Schopfloch.

Gansberg 3
1843 bewohnt von **Joel Nathan** aus Feuchtwangen. **1843** bewohnt von dessen Bruder **Samuel Nathan Gutmann** aus Feuchtwangen.

Inselweg 3
1937 bewohnt von **Emma Gostorffer**, Lehrerin der israelitischen Sonderklasse.

Klostergasse 5
Das Bürgerhaus wurde 1565 erbaut. Ab 1727 und 1750 ist das Haus mit Metgerechtigkeit (Braurecht für Met) genannt. **1862** kauft der Schnittwarenhändler Seligmann Hamburger (1830-1904) aus Schopfloch das Haus mit Frau **Lea,** geb. **Neumark** und Familie. **1867** heiratet er als 2. Ehefrau **Amalie,** geb. **Neumark.** Er richtet in den 1890er-Jahren im Obergeschoss eine **Zimmersynagoge** ein, im Erdgeschoss auch eine **Mikwe**, ab 1936 befand sich im Obergeschoss die jüdische **Sonderklasse.** Am Haus wurde am 22.04.2007 an der ehemaligen Synagoge eine Gedenktafel angebracht.
1865 wird **Moritz Hamburger** geboren, **1876** sein Bruder **Adolf Hamburger.** Mit Familie wohnhaft bis 1938. **1903** bewohnt von **Mathilde Kahn,** Dienstmagd bei Hamburger.
✝ *Moritz Hamburger (geb. 16.12.1865 in Dinkelsbühl), Sohn von Seligmann und Hanna Hamburger, verzogen 1925, starb im Internierungslager Gurs, Südfrankreich, am 05.11.1940 an Typhus.*
✝ *Adolf Hamburger (geb. 18.02.1876 in Dinkelsbühl) wurde nach den zwei Dinkelsbühler Pogromnächten vertrieben und verlor die Heimat am 10./11.November 1938. Er starb im Konzentrationslager (sogenanntes Sterbelager) Gurs, Südfrankreich, am 16.02.1943 an Typhus.*
✝ *Klara Hamburger, geb. Adler, Ehefrau von Adolf Hamburger, wurde nach den zwei Dinkelsbühler Pogromnächten vertrieben und verlor die Heimat am 10./11.November 1938. Sie starb vermutlich auf dem Transport ins Tötungslager Auschwitz 1941.*
✝ *Tochter Martha Sara Hamburger (geb. 12.01.1922 in Dinkelsbühl) war am 6. September 1938 aus Dinkelsbühl weggezogen. Sie wurde ermordet, vermutlich in Majdanek 1942.*
Klostergasse 8
Nach **1918** befand sich hier der Kurzwarenladen der Schwestern **Klara und Doris Jordan.**
Klostergasse 17
1930 bewohnt von **Leopold Strauß** mit Familie.

Koppengasse 4
Das Haus war dreifach unterteilt. **1884** ersteigert Kaufmann **Nathan Regensburger** aus Feuchtwangen das untere Viertel zusammen mit dem oberen halben Haus.

Ladegässlein 1
1919 gekauft von **Weinberger/Birk** (Lack- und Farbenfabrik) und als Lagerhaus genutzt.

Lange Gasse 4
1692 gekauft für 350 Gulden von **Lazar Frommele**, einem der Gläubiger. Er behielt das Haus bis **1700**.

Lange Gasse 9
1928 bewohnt von **Heinrich Strauß** mit Familie.

Lange Gasse 10
1914 bewohnt von **Heinrich Levite**. **1914** bewohnt von Sohn **Friedrich Levite** mit Familie. **1932** bewohnt von **Adolf Levite** und seiner 2. Frau Sidonie Strauß und mit Familie.
✝ *Heinrich Levite, verzogen 1936, wurde ermordet im Transitghetto Izbica, Polen am 26.04.1942.*
✝ *Sarah Sophie Levite, geb. Heumann, Ehefrau von Heinrich Levite, verzogen 1936 wurde ermordet im Transitghetto Izbica, Polen am 26.04.1942.*
✝ *Julius Levite (geb. 10.07.1910 in Dinkelsbühl), Sohn von Heinrich und Sarah Levite, 1933 nach unbekannten Ort verzogen, wurde ermordet im Konzentrationslager Buchenwald am 09.11.1939.*
✝ *Adolf Levite, verzogen 1936, wurde ermordet im Tötungslager Auschwitz am 16.05.1944.*
✝ *Sidonie Levite, Ehefrau von Adolf Levite, verzogen 1936, wurde ermordet im Tötungslager Auschwitz am 16.05.1944.*
✝ *Heinz Joseph Levite (geb. 09.09.1924 in Dinkelsbühl), Sohn von Adolf und Sidonie Levite, verzogen 1936 nach Schwabach, wurde ermordet im Konzentrationslager Majdanek am 23.08.1942.*

Lange Gasse 16
1862 bewohnt von Rotgerber/Kaufmann **Max Joel Gutmann** aus Feuchtwangen mit Familie. Das Wirtshaus mit Gartenbetrieb Zum roten Hahn war ab **1929 Stammlokal der Nationalsozialisten**. Nach einem Innenbrand 2006 erfolgte 2009 ein Neubau.

Lange Gasse 25
1860 ersteigert von der Handelsmannwitwe **Lea Hamburger** aus Schopfloch.

Lange Gasse 28
1881 bewohnt von Handelsmann **Abraham Koch** aus Mönchsroth.
1875 bewohnt von Kaufmann **Robert Hamburger** mit Familie. **1878** wird **Benno Hamburger** geboren. Er besitzt das halbe Haus und wohnt hier bis 1938. **1880** wird **Emil Hamburger** geboren. Er besitzt

das halbe Haus und wohnt hier mit Familie bis 1938. Hier wurde im Hof das Laubhüttenfest gefeiert.

† *Louise Hamburger (geb. 07.04.1876 in Dinkelsbühl), Tochter von Robert Hamburger und Helene, geb. Heß, wurde nach den zwei Dinkelsbühler Pogromnächten vertrieben und verlor die Heimat am 10. November 1938. Sie wurde ermordet im Transitghetto Theresienstadt am 20.10.1942.*

Benno Hamburger, Sohn von Robert Hamburger und Helene, geb. Heß, wurde nach den zwei Dinkelsbühler Pogromnächten vertrieben und verlor die Heimat am 10. November 1938.

Emil Hamburger, Sohn von Robert Hamburger und Helene, geb. Heß, wurde nach den zwei Dinkelsbühler Pogromnächten vertrieben und verlor die Heimat am 10. November 1938. Die Familie Emil Hamburger wanderte 1939 nach Palästina (Israel) aus.

Lina Hamburger, geb. Reis, Ehefrau von Emil Hamburger, wurde nach den zwei Dinkelsbühler Pogromnächten vertrieben und verlor die Heimat am 10. November 1938.

Helene Hamburger (verh. Vered), Tochter von Emil Hamburger und Lina, geb. Reis, wurde nach den zwei Dinkelsbühler Pogromnächten vertrieben und verlor die Heimat am 10. November 1938.

Lange Gasse 30
1898 bewohnt von **Moritz Hamburger** mit Familie. **1919** bewohnt von **Sigmund Reutlinger** und Ehefrau **Johanna,** geb. **Hamburger. 1923** bewohnt von Haushälterin **Klara Gutmann.**

† *Klara Gutmann, verzogen 1924, wurde ermordet im Tötungslager Treblinka am 29.09.1942.*

Lange Gasse 42
1928 bewohnt von **David Levite** aus Mönchsroth mit Familie.

† *Sarah Levite, geb. Mayer, Ehefrau von David Levite, verzogen 1935, wurde ermordet im Transitghetto Piaski, Polen am 03.04 1942.*

Ledermarkt 3
1882? bewohnt von **Emanuel Jordan. 1923** bis 1937 bewohnt von **Felix Klau** mit Familie. Um **1926** nahmen die kinderlosen Eheleute Klau den Sohn **Sanny Chapiro** der in USA lebenden Schwester Klaus auf. Bis **1937** bewohnt von **Doris Jordan. 1917** bis 1937 bewohnt von **Klara Jordan.**

Ledermarkt 4
1882? bewohnt von **Emanuel Jordan** mit Familie. **1929** bewohnt von **Felix Künzelsauer** mit Familie. **1937** bewohnt von **Felix Klau** mit Familie. **1937** Umzug in dieses Haus von **Klara Jordan.**

† *Isaak Künzelsauer, verzogen 1933, wurde ermordet im Konzentrationslager Majdanek 1943.*

Marktplatz 2
1933 bewohnt von **Sigmund Levite** mit Familie. **1934** bewohnt von **Hermann Levite** mit Familie.

Muckenbrünnlein 15
1841 bewohnt von Maurer **Moses Wolf Hamburger** aus Schopfloch.

Mönchsrother Straße 1 (Stadtmühle)
1829 bewohnt von den Handelsleuten **Joel Nathan Gutmann**, Meier Jeremias und Holzinger.

Nestleinsberggasse 1
1888 bewohnt von Handelsmann **Abraham Koch**.
Nestleinsberggasse 20
1929 bewohnt von **Ferdinand Baer** mit Familie.
Nestleinsberggasse 36
1851 bewohnt von **Haium Freundlich,** dessen Bruder **Israel Freundlich** aus Wittelshofen und Jakob **Marx** aus Mönchsroth. 1913 erfolgte ein Neubau.
Nestleinsberggasse 50
1877 bewohnt von Handelsmann **Salomon Israel** aus Öhringen.

Nördlinger Straße 5
1904 bewohnt von **Hermann Levite** und Ehefrau **Eugenie**, geb. **Bernheimer,** mit Familie. Später erneut bewohnt von Tochter **Berta Bertheim**, geb. **Levite.**
Nördlinger Straße 7
1923 bewohnt von **Robert Hamburger** mit Familie. **1923** bewohnt von **Kurt Gutmann**.
Nördlinger Straße 8
1917 bewohnt von **Manfred Gutmann** mit Familie. **1921** bewohnt von **Fanny Benjamin**. **1937** bewohnt von **Amalie Ascher**.
Amalie Ascher wurde nach den zwei Dinkelsbühler Pogromnächten vertrieben und verlor die Heimat am 10./11.November 1938. Sie starb im israelitischen Altersheim in München.
Nördlinger Straße 10
1861 bewohnt von Handelsmann **Seligmann Hamburger** aus Mönchsroth.

Nördlinger Straße 12
Um 1900 bis 1913 bewohnt von **Karoline Ascher**, Witwe von Abraham Ascher, mit Tochter **Amalie Ascher**. Im Schülerpensionat von Karoline Ascher waren 1904 die israelitischen Realschüler aus Mönchsroth **Elkan Levite, Hirsch Strauß, Carl Kraemer**.
Nördlinger Straße 21
1929 bewohnt von **Amalie Ascher**.
Nördlinger Straße 23
1905 bewohnt von Handelsmann **Salomon Schulmann** aus Mönchsroth. Ab **1904** nutzte Viehhändler **Hermann Levite** aus Mönchsroth den dazugehörenden Stall im ummauerten Garten, heute **Drysatz 4**.
Nördlinger Straße 26
1868 ersteigert von Kaufmann **Seligmann Wolf Hamburger**.
Nördlinger Straße 27
1884 bewohnt von Handelsmann **Salomon Schulmann** aus Mönchsroth. 1986 in etwa alter Größe neu erbaut.
Nördlinger Straße 40
1844 bewohnt von **Seligmann Gabriel Gutman** aus Feuchtwangen.
Nördlinger Straße 50
1893 bewohnt von Handelsmann **Salomon Schulmann** aus Mönchsroth.
Nördlinger Straße 60
1901 bewohnt von Handelsmann **Feis Levite** und Kaufmann **Emanuel Waker**.
Nördlinger Straße 61
1907 bewohnt von Handelsmann **Julius Levite** aus Mönchsroth.

Oberer Mauerweg 4
1931 bewohnt von **Fanny Benjamin**.

Obere Schmiedgasse 4
1852 bewohnt von **Hab Sandel Koch** aus Mönchsroth.
Obere Schmiedgasse 13
1855 bewohnt von **Joel Gutmann** und **Nathan Samuel** aus Feuchtwangen.
Obere Schmiedgasse 22
1887 bewohnt von Handelsmann **Abraham Koch** aus Mönchsroth.
Obere Schmiedgasse 26
1856 bewohnt von Witwe **Lea Hamburger** aus Schopfloch.

Pfluggasse 3
1786 bewohnt von **Jakob Marx** aus Schopfloch. **1814** bewohnt von **Jakob Marx** aus Schopfloch. Vor und im Jahr **1824** bewohnt von **Josef Marx Friedmann** aus Schopfloch. 1912 durch einen Neubau ersetzt.
Pfluggasse 9
1938 bewohnt von **Emma Gostorffer**, Lehrerin der israelitischen Sonderklasse.
Pfluggasse 12
1930 bewohnt von **Ferdinand Baer** mit Familie.
Pfluggasse 13
1924 bewohnt von **Fanny Benjamin.**

Rossbrunnengasse 14
1876 bewohnt von Handelsmann **Haium Kronheimer** aus Schopfloch.

Russelberg 3
1869 bewohnt von **Feis Lauchheimer** aus Schopfloch. **1906** bewohnt von Handelsmann **Adolf Levite.**

Russelberggasse 5
1887 gekauft von Handelsmann **Abraham Koch**. **1893** bewohnt von Handelsmann **Salomon Schulmann** aus Mönchsroth/Schopfloch.
Russelberggasse 11
1888 bewohnt von Handelsmann **Feis Levite.**
Russelberggasse 14
1887 bewohnt von Handelsmann **Abraham Koch.**
Russelberggasse 16
1843 bewohnt von **Moses Wolf Hamburger** aus Schopfloch. 1907 neu erbaut.

Schrannengasse 2
1931 bewohnt von **Fanny Benjamin**.

Schreinersgasse 3
1812 bewohnt Jakob Marx das obere halbe Haus.
Schreinersgasse 5
1887 bewohnt von Handelsmann **Emanuel Jordan** aus Schopfloch mit Familie. **1890** bewohnt von **Klara Jordan, 1893** von Schwester **Doris Jordan**. **1903** gekauft von Emanuel Jordan. **1911** bewohnt von Pflegesohn **Raphael Schulmann**. Zuletzt genutzt bis **1917** durch den Viehhändler **Jordan** für landwirtschaftliche Zwecke.

Schreinersgasse 12
1848 bewohnt von **Seligmann Gabriel Gutmann** aus Feuchtwangen. Das Haus war vorübergehend **im Nationalsozialismus das Büro der NSDAP.**

Schreinersgasse 19
1914 bewohnt von **Felix Künzelsauer** mit Frau und elf Kindern.

Segringer Straße 5
1911 bewohnt von **Sigmund Levite** mit Familie.
Segringer Straße 6
1806 bewohnt es **Moses Dosenheimer** aus Feuchtwangen.
Segringer Straße 7
1864 bewohnt vom vermögenden Privatier **Loeb Lang** mit Familie aus Burgkunstadt.
Segringer Straße 9
1922 bewohnt von Ludwig Ansbacher mit Familie.
Segringer Straße 14
1925 bewohnt von **Fanny Benjamin**.
Segringer Straße 16
1905 bewohnt von Kaufmann **Emanuel Waker**.
Segringer Straße 17
1894 bewohnt von **Abraham Ascher** mit Familie.
Segringer Straße 19
1911 bewohnt von **Sigmund Levite** mit Familie. **1925** bewohnt von Realschüler **Justin Gutmann** aus Feuchtwangen. **1931** bewohnt vom jüdischen Religionslehrer **Karl Krebs**.
Segringer Straße 32
1927 bewohnt von **Max Sommer** mit Familie aus Wittelshofen. **1928** bewohnt von Rentner **Nathan Sommer** aus Mannheim.
Segringer Straße 41
1684 gekauft von **Lazar Frommele,** wieder verkauft 1700.
Segringer Straße 43
Heinrich Levite mit Familie. Wohnhaft bis 1914, danach Lange Gasse 10.
Segringer Straße 44
1905 gekauft von Kaufmann **Sigmund Schloßberger** mit Familie aus Unterdeufstetten. **1916** bewohnt von Ludwig Ansbacher mit Familie. **1918, 1920, 1923** bewohnt von **Gisela Levi,** geb. **Schloßberger. 1925, 1927, 1935** bewohnt von **Hedwig Holzer,** geb. **Schloßberger**, mit Familie.

Sigmund Schloßberger wurde nach den zwei Dinkelsbühler Pogromnächten vertrieben und verlor die Heimat am 10./11.November 1938. Er starb in Frankfurt.

† **Palma Betti Schloßberger**, Tochter von Sigmund Schloßberger und Bertha, geb. Strauß, mehrmals verzogen ab 1920, zuletzt 1936 nach Nördlingen bzw. Frankfurt, wurde ermordet im Transitghetto Izbica, Polen, 1942.

† **Josef Schloßberger**, Sohn von Sigmund Schloßberger und Bertha, wurde nach den zwei Dinkelsbühler Pogromnächten vertrieben und verlor die Heimat am 10./11.November 1938. Er wurde ermordet in der Tötungsstätte Raasiku, Reval, am 24./26.09.1942.

† **Martha Schloßberger**, geb. Strauß, Ehefrau von Josef, wurde nach den zwei Dinkelsbühler Pogromnächten vertrieben und verlor die Heimat am 10./11.November 1938. Sie wurde ermordet in der Tötungsstätte Raasiku, Reval, am 24./26.09.1942.

† **Jost Jakob Schloßberger** (geb. 21.02.1933), Sohn von Josef und Martha, wurde nach den zwei Dinkelsbühler Pogromnächten vertrieben und verlor die Heimat am 10./11.November 1938. Er wurde ermordet in der Tötungsstätte Raasiku, Reval, am 24./26.09.1942.

† **Maximilian Schloßberger** (geb. 18.02.1934 in Dinkelsbühl), Sohn von Josef und Martha, wurde nach den zwei Dinkelsbühler Pogromnächten vertrieben und verlor die Heimat am 10./11.November 1938. Er wurde ermordet in der Tötungsstätte Raasiku, Reval, am 24./26.09.1942.

† **Beatrix Schloßberger** (geb. 05.07.1935 in Dinkelsbühl), Tochter von Josef und Martha, wurde nach den zwei Dinkelsbühler Pogromnächten vertrieben und verlor die Heimat am 10./11.November 1938. Sie wurde ermordet in der Tötungsstätte Raasiku, Reval, am 24./26.09.1942.

Segringer Straße 52
1830 bewohnt von Handelsmann **Joel Nathan Gutmann** aus Feuchtwangen.

Segringer Straße 53
1864 bewohnt von **Israel Meier Freundlich** aus Wittelshofen und **David Bär Gutmann** aus Wassertrüdingen.

Siebenbrüdergasse 3
1854 bewohnt von Handelsmann **Moses Samuel Bernheimer** aus Schopfloch. **1893** bewohnt von Handelsmann **Salomon Schulmann** aus Mönchsroth. **1894** bewohnt von Handelsmann **Moritz Elkan** aus

Mönchsroth und Handelsmann **Adolf Reinemann** aus Crailsheim. Das Hinter- und Nebenhaus von Klostergasse 9 wurde 1911 abgerissen.

Siebenbrüdergasse 6
1801 bewohnt von **Jakob Marx.**

Steingasse 3
1932 bewohnt von **Josef Rosenthal** mit Familie.

Steingasse 4
1915 bewohnt von **Franziska Strauß.**

Steingasse 7
1888 gekauft von Kaufmann **Emanuel Waker** aus Schopfloch. 1890 Ehefrau **Amalie**, geb. **Löwenhaupt.** Wegzug der Familie 1918. Bis dahin waren Mitbewohner die jüdische Verkäuferinnen bzw. Angestellte **Bertha Gerstle, Gunzenhäuser, Lidia Marx, Rosa Meck, Ida Lippmann, Leo Stern.**
1895 Handelsmann **Isaak Wolf Waker**, siehe bei Steingasse 9. **1917** bewohnt von **Gertrud Bär**, Köchin bei Waker.
† *Gertrud Bär, verzogen 1918, wurde ermordet im Transitghetto Izbica, Polen, am 24.03.1942.*

Steingasse 9
Die jüdischen Familien Itzig und Isaac wohnten von **1650 - 1667** in der Steingasse, vermutlich war dies Nr. 9. Im Nebenhaus am Höfchen soll um 1800 die **Mikwe** mit den zwei Täfelchen der Zehn Gebote erhalten gewesen sein. Diese Mikwe dürfte nach der Judenansiedlung **1636** entstanden sein.
1806 wird die obere Haushälfte gekauft von **Moses Dosenheimer** und im selben Jahr weiterverkauft an **Abraham Joel** aus Feuchtwangen. **1898** gekauft von Textilkaufmann **Emanuel Waker**, er will es 1899 mit dem Nachbarhaus 7 zusammenbauen. **1903** bewohnt von **Karl Waker. 1911** bewohnt von Kaufmann **Emanuel Waker.**

Steingasse 10
1903 ersteigert von Handelsmann **Isaak Wolf Waker.**

Steingasse 13
1850 bewohnt von Handelsmann **Seligmann Gabriel Gutmann** und Handelsmann **Seligmann Wolf** aus Feuchtwangen.

Turmgasse 1
1883/1886 bewohnt von **Abraham Ascher** mit Familie. **1894** bewohnt von Handelsmann **Abraham Koch.**

Turmgasse 12
1912 bewohnt von **Felix Künzelsauer** mit Familie. 1912 auch in der Ellwanger Straße 8.
Turmgasse 15
1877 gekauft von Handelsmann **Salomon Israel** aus Öhringen.
Turmgasse 16
1920 bewohnt von **Manfred Gutmann** mit Familie. **1921** bewohnt von **Kurt Gutmann**. **1924** bewohnt von Realschüler **Justin Gutmann** aus Feuchtwangen.
Turmgasse 17
1853 bewohnt von Handelsmann **Daniel Löw Levite** aus Mönchsroth und Handelsmann **Moses Wolfgang Hamburger** aus Schopfloch.

Untere Schmiedgasse 1
1863 bewohnt von Handelsmann **Amson Ascher** aus Mönchsroth. Das Wohnhaus wurde im vorigen Jh. abgebrochen, es steht nur noch die Scheune.
Untere Schmiedgasse 4
1877 bewohnt von Handelsmann **Salomon Israel** aus Öhringen. **1882** bewohnt Handelsmann **Veis Levite** aus Mönchsroth das halbe Haus mit Familie. 1894 durch einen Neubau ersetzt.
Untere Schmiedgasse 6
1908 Zuzug von **Heinrich Levite** mit Familie aus Mönchsroth.
Untere Schmiedgasse 9
1911 war der Scheunenbesitzer Handelsmann **Adolf Levite**. Im vorigen Jh. wurde das Gebäude mit Wohnungen ausgebaut.
Untere Schmiedgasse 16
1872 bewohnt von Handelsmann **Isaak Wolf Waker** aus Schopfloch.

Weinmarkt 3
Das „Deutsche Haus" mit Renaissancefassade von 1593/94 war erst ab 1874 Wirtshaus. **1853** bewohnt vom städtischen Hospitalarzt **Dr. Moritz Mannheimer** mit neun Kindern und einem Hauslehrer. **1861** bewohnt von der Witwe **Johanna Mannheimer, geb. Lindenthal**. **1883, 1886** bewohnt von Privatier **Emanuel Koch**.
Weinmarkt 5
1937 bewohnt von **Emma Gostorffer**, Lehrerin der israelitischen Sonderklasse.
Weinmarkt 11
1923 bewohnt von **Wilhelm Birk** (Inhaber der Firma Weinberger, Lack- und Farbenfabrik) mit Familie.

Weinmarkt 12
1927 bewohnt von **Josef Rosenthal** mit Familie.
Weinmarkt 14
1924 bewohnt von **Fanny Benjamin**.

Wethgasse 2
1907 bewohnt Handelsmann **Julius Levite** aus Mönchsroth das halbe Haus.
Wethgasse 3
1924 bewohnt von **Fanny Benjamin**.

Wörnitzstraße 10
1856 bewohnt von Handelsmann **Moses Samuel Bernheimer** aus Schopfloch.

Quellen

Druckwerke

Anson, Manfred: Es war einmal schön; in: Dinkelsbühler Heimatkalender, 1987.

Arnold, Gerfrid: Juden in Dinkelsbühl. Dinkelsbühler Quellenregesten; Archivalien und historischen Fotos; Hrsg. Historischer Verein "Alt-Dinkelsbühl" 2010

Arnold, Gerfrid: Dinkelsbühl; in: Spuren jüdischen Lebens rund um den Hesselberg; Hrsg. Gunther Reese, 2011

Arnold, Gerfrid: Dinkelsbühler Hauslexikon A-H 2016; I-M 2017; N-R 2018; S-W 2019)

Gabler, August: Die letzte Judengemeinde in Dinkelsbühl (bis 1938); in: Genealogie Heft 11, 1973, S. 731-738.

Jahrbuch Historischer Verein Alt-Dinkelsbühl:

Hammerl, Wolfgang: Juden in Dinkelsbühl von 1862-1938, 1980/82.

Kirchner, Georg Ernst: Physikatsbericht Wassertrüdingen, 1860; bearbeitet von Ott, Norbert und Meyer, Hermann, 2000-2003.

Alt-Dinkelsbühl, Mitteilungen aus der Geschichte Dinkelsbühls und seiner Umgebung, Beilage des „Wörnitz-Boten" bzw. der „Fränkischen Landeszeitung":

Arnold, Gerfrid: Von Schwarz-Rot-Gold zum Hakenkreuz, 2008. - Juden und Nazis 1932 in Dinkelsbühl erwünscht, der „schönsten Altstadt in Deutschland", 2016. - Dinkelsbühler Altstadthäuser – Wohnungen jüdischer Mitbürger vom Dreißigjährigen Krieg 1636 bis zum erzwungenen Wegzug durch das Pogrom 1938, 2018.

Egner, Heinrich: Die Familie Straßer und Dinkelsbühl, 2005.

Gabler, August: Die letzten Dinkelsbühler Juden in meiner Erinnerung, 2000.

Götz, Herbert: Rudolf Götz, Bürgermeister in Dinkelsbühl von 1913-1935, 1990.

Greiner, Joseph: Vom Zunftwesen, 1934. - Aus Dinkelsbühls Biedermeierzeit, 1924.

Gronauer, Gerhard: „Die Frau, die hat geschrien, das höre ich heute noch" –„Stolpersteine". Erinnerungen an das Novemberpogrom 1938 und an das Ende des Zweiten Weltkriegs in Dinkelsbühl, 2016. - Erinnerungen einer jüdischen Dinkelsbühlerin: Helene Vered, geb. Hamburger, Lange Gasse 28, 2019.

Zeitungen

Der Israelit, 26.03.1876, 22.06.1885. - Nürnberger Zeitung: Aus Bayern, 18.09.1933. - Gustaf Kauder: Berliner Zeitung 0 6.04. 1932. -

Maier, Hermann: Vor 75 Jahren letztes Heimatfest vor der NS-Herrschaft; Fränkische Landeszeitung, Kinderzechbeilage, 13.07.2007. - Wörnitz-Bote: 15.03.1933, 20.04.1933, 21.04.1933, 22.04.1933, 31.03.1933, 13.07.1933.

Archivalien des Stadtarchivs Dinkelsbühl

Archivbibliothek

Großmann, Manfred: Das Jahr 1932 in Dinkelsbühl, 1980; Maschinenschrift.

Urliste der in der Gemeinde Dinkelsbühl wohnenden Personen, welche zum Schöffen und Geschworenendienste berufen werden können. Geschäftsjahr 1899.

Einwohnerkartei des Stadtarchivs.

Akten

I F; 1864. - II C; 63. - II G; 2, 5, 7, 14, 22, 24, 99, 100. - II G Anhang, Turnverein 1860. - II G Anhang, Schachklub. - III A; 1049. - III B; 1, 1 a, 2, 3. - IV; 5, 6. - IV A; 3, 9. - IV C; 3, 97. - V; 1 a, 3, 5. - VI; 1, 34. - VII; 6. - VIII; 2. - IX; 12. - X; 3, 74. - XI; 1, 18. - XII; 2 a, 9. - XVII; 1, 17.

A 1 - B 1. - B VII; G, G 1, R 2. - C; 56, 18. - E 6; 17. Jh.-1877, 1814, 1820, 1827.- S; 1 b.

Bändereihe

B 30, Ratsprotokolle. - B 46 Verzeichnis der wirklichen Gemeindeglieder 1867. - B 255, Hospitalrechnungen, 1853/54, 1860/61. - B IV, Juden: Anson, Manfred: Briefe, 1985 -1998. - Befragung zum Studientag, 1989; - Brief von Neffe Adolf Hamburgers an Wolfgang Hammerl, 1985. - Brief, 1995.

Sonstiges

Brosig, Angelika: Das Distriktsrabbinat Schopfloch-Feuchtwangen-Wittelshofen unter Rabbiner Nathan Ehrlich von 1841 bis 1872, Manuskript, 2008. Nach: Stimpfig, Karl Ernst: Die Juden in Schopfloch und Feuchtwangen, ihr Rabbinat und Judenfriedhof, Eigendruck, 2003.

Fran Luebke und Howard Metzenberg, USA, über Angelika Brosig: Familieninformationen, Erinnerungen der Tochter Mathilda, Brief 1932; Foto Dr. Mannheimer.

Metzger, Johann Matthäus (Auszüge des Autors): Tagebücher, Band 2, 1815 -1821 (Privatbesitz).

Fotos und Repros

Fotos und Repros ohne Quellenangabe sind vom Autor bereits veröffentlichte Bilder des Stadtarchivs Dinkelsbühl bzw. Aufnahmen des Autors.

Buchveröffentlichungen
von Gerfrid Arnold

Die Römer im Landkreis Ansbach
Geschichte, Wanderführer, Buchners Reise auf der Teufelsmauer
Bebildert, Lageskizzen, Karten vom Autor; 112 S., 1982.
Die Römer in Franken
Fotos, Lageskizzen, Pläne, Quellentexte; 287 S., 1986.
Dinkelsbühl. Eine mittelalterliche Stadt
Fotos von Dietmar Vogel; Lageskizzen, Zeichnungen vom Autor; 263 S., (1988).
Christoph von Schmids erbauliche und vergnügliche Jugend in Dinkelsbühl
Bilder von Thomas Weisenberger; Kartenskizzen vom Autor; 171 S., 1990.
Wegen der Kinder Schulzech
Zeichnungen von Hans-Dieter Jakubowitz; Kartenskizzen und Repros vom Autor, Dinkelsbühler Quellenanhang; 346 S., 1994.
Chronik Dinkelsbühl
Zeichnungen von Dr. Herbert Schicketanz Bd.1-Bd.4; Bd. 5 bebildert vom Autor. Fotos, Kartenskizzen, Pläne vom Autor.

> **Bd. 1 Im Reich der Merowinger, Karolinger und Sachsen**;
> 222 S., 2000.
> **Bd. 2 Die Königsstadt. Salier - Staufer - Interregnum**; 212 S., 2001.
> **Bd. 3 Die Reichsstadt. Von König Rudolf I. bis Kaiser Karl IV.**;
> 244 S., 2002.
> **Bd. 4 Die Stadtrepublik. Kaiser Karl IV. und König Wenzel I.**;
> 240 S., 2003.
> **Bd. 5 Mauern und Türme. Die Stadtbefestigung vom Königshof ins 21. Jh.**; 340 S., 2014.

Hinter der Teufelsmauer
Sagen, Spuk, Legenden zwischen Dinkelsbühl und Wassertrüdingen
Bilder von Anette Arnold; 268 S. (1999).
Hexen und Hexer in Dinkelsbühl
Reich bebildert vom Autor, Dinkelsbühler Quellentexte; 192 S., 2006.
Dinkelsbühl für Kids. Lese-Stadtführer
Illustrationen und Kartenskizzen vom Autor.

> **Weihnacht in Dinkelsbühl mit C. v. S.**; 136 S., 2004.
> **Ferien in Dinkelsbühl**; 160 S., 2005.
> **Geistertour in Dinkelsbühl**; 164 S., 2007.

Juden in Dinkelsbühl
Dinkelsbühler Quellenregesten; Repros von Archivalien, historische Fotos; 552 S., 2010.

Dinkelsbühl. Menschen, Bilder, Impressionen
Historische Fotos aus dem Stadtarchiv Dinkelsbühl; 96 S., 2011

Evangelische Kirchen in Dinkelsbühl
Die Heiliggeistkirche in Dinkelsbühl. Die St. Paulskirche in Dinkelsbühl
Fotos vom Bildarchiv Foto Marburg; Grundrisszeichnungen des Autors; 40 S., 2011.

Dinkelsbühler Hauslexikon
Architektur – Bewohner – Geschichte – Sagen
Mit historischen Bauzeichnungen und Fotos, aktuelle Fotos vom Autor; **A-H**, 224 S., 2016. **I-M**, 232 S., 2017. **N-R**, 240 S., 2018. **S-W**, 300 S., 2019.

Memorial der Laura Prochaska Meine Flucht aus Brünn 1945
Deutsch-tschechische Familiengeschichte mit authentischem Bericht des Todesmarsches; 96 S., 2017.

Jan & Julia in Dinkelsbühl
Gruseltour – Stadttour – Christoph-von-Schmid-Tour
Illustrationen und Kartenskizzen vom Autor; 244 S., 2018.

Sagenhafte Orte. Hesselberg und Wassertrüdingen
Mit Bildern von Anette Reitsch; 156 S., 2019.

Neuerscheinung Herbst 2020

Dinkelsbühl Geschichte *light* **Die Stadtgeschichte**

Dinkelsbühl kann auf eine 1200-jährige Geschichte zurückblicken, vieles deutet auf die Siedlung eines fränkischen Königshofs an der Wörnitzfurt hin. Aus dem Krongut entwickelte sich die Stauferstadt Tinkelspuhel, das romanische Münsterportal zeigt ihre Bedeutung an der via romea. Seine Blütezeit hatte Dinkelsbühl dann als Reichsstadt im späten Mittelalter mit Landerwerb, der Stadterweiterung und dem Münsterbau. Doch Reformation und Gegenreformation lähmten den Stadtstaat. Sie spalteten die Bürgerschaft in zwei Glaubenslager, ein irreparabler Zwist, der erst im 19. Jahrhundert überwunden werden konnte. Stadtbürger und Landuntertanen, Königsbesuche und Kaiserprivilegien, Handwerkeraufstand, Dreißigjähriger Krieg und Kinderzeche, Hexenverfolgung, Juden, Eisenbahnbau und Wirtschaft, die Zeit der Weimarer Republik und des III. Reichs bis zu den Problemen unserer Zeit bilden das bunte Kaleidoskop einer großen Stadtgeschichte.